Für James Edwin Rooke;

des Krieges Poet,

der Muse Prometheus

Alexander Klymchuk

Erkerfenster

Rediroma-Verlag

Bibliografische Information der Deutschen Nationalbibliothek:
Die Deutsche Nationalbibliothek verzeichnet diese Publikation in der Deutschen Nationalbibliografie; detaillierte bibliografische Daten sind im Internet über http://portal.dnb.de abrufbar.

ISBN 978-3-96103-853-4

www.rediroma-verlag.de
9,95 Euro (D)

„Mich zu wundern, ist mir eine Freude; das Unerforschte, das Unerwartete, das Verborgene und das Unveränderliche, das hinter oberflächlicher Veränderlichkeit lauert."

Howard Phillips Lovecraft
(1890 - 1937)

„Wo Worte selten, haben sie Gewicht."

William Shakespeare
(1564 - 1616)

Inhalt:

Spezialeffekte

„Es ist fantastisch“, sagte Harrison begeistert. „Genau so hab ich es mir vorgestellt.“

Phil nickte. Er hatte wochenlang an dem Bild gearbeitet und während dieser Zeit keinen anderen Auftrag angenommen, was sich nicht gerade positiv auf seine Finanzen ausgewirkt hatte, doch das Ergebnis entschädigte ihn mehr als ausreichend. Der Scheck, den Harrison ihm gegeben hatte, natürlich noch mehr.

Die Malerei war oftmals eine brotlose Kunst, diese Lektion hatte Phil schnell gelernt. Daher hatte er sein Talent kommerzialisiert und malte nun Muskelmänner, Blondinen, Monster und Gangstervisagen für die großen Filmstudios der Traumfabrik. Handgemalte Plakate kamen wieder in Mode, so wie Schlaghosen und Fonduesets, die man heutzutage nicht mehr *altmodisch* oder *retro* nannte, sondern *Vintage*.

Harrison nippte an seinem Whiskey und grinste über das ganze Gesicht.

Er produzierte gerade „An American Werewolf in New-York“. Der Film, der mittlerweile schon die zweite Fortsetzung des legendären Klassikers von John Landis war, stand schon vor den Dreharbeiten unter extrem hohem Erfolgsdruck. Für die damalige Zeit waren die Spezialeffekte visionär gewesen. Eine solch realistische Verwandlung in einen Werwolf hatte vergeblich seinesgleichen gesucht. Und genau das erwartete man auch vom „New-Yorker Werwolf", wie ihn die Presse bei ihren Vorankündigungen nannte.

„Echt", betonte Harrison noch einmal. „Ganz genau so hab ich ihn mir vorgestellt."

„Na ja", entgegnete Phil achselzuckend, „besonders viel Spielraum hatte ich ja nicht. Schließlich sollte das Vieh genau so aussehen, wie es im Film aussehen wird. Ich hab mich nur an die Vorlagen gehalten."

„Ach, nur nicht so bescheiden, Philly-Boy. Du bist‘n echter Künstler. Ich mein ... Scheiße! Das Ding sieht gruseliger aus als auf den Fotos vom Winston-Team. Und *die* Jungs verstehen ihr Handwerk."

„Ich weiß. Stan ist ein Genie. Wer kennt sie nicht, die Monsterklassiker, die er erschaffen hat, angefangen bei den legendären Remakes der Lon-Chaney-Jr.-Filme und seinen Wolfmännern, denen das Haar über‘s Gesicht wuchs, ohne dass man CGI. oder so‘n Computerscheiß hatte. Genial war das."

Harrison seufzte tief und hob sein Glas. „Du sagst es, Mann. Auf Stan!"

„Natürlich darf man nicht vergessen, dass Rick Baker für die Effekte des ersten Teils verantwortlich war."

„Stimmt", meinte Harrison sich zu erinnern. „Haben die ihn nicht sogar für den Oscar nominiert?"

„Er wurde nicht nur nominiert, sondern insgesamt sieben Mal mit dem Oscar ausgezeichnet."

„Sieben Mal?"

„Sieben Mal“, bestätigte Phil und widerstand dem Drang, zur Visualisierung seine Finger zu Hilfe zu nehmen.

„Potzblitz! Das ist mal ‘ne Hausnummer!“

Harrison nahm einen Schluck von seinem Whiskey und schwenkte das Glas gedankenverloren in der Hand. Dabei sah er sich das Bild an.

Es zeigte einen Werwolf mit fast anmutig zu nennenden Gesichtszügen. Einer Eigenart, die nur wahrlich erhabenen Raubtieren vorbehalten ist. Eine zottige, wilde Mähne bildete eine Fellkorona um die rot glühenden Augen des Monsters, dessen Gesicht beherrscht wurde von einem weit aufgerissenen Maul mit schier gigantischen Reißzähnen, von denen das Blut seiner unglücklichen Opfer tropfte.

Der Wolf streckte eine seiner Pranken drohend nach hinten, als wolle er einen tödlichen Schlag ausführen, während die andere stark vergrößert in Richtung des Betrachters wies und so zwingend den Eindruck erweckte, als würden die Krallen die Leinwand durchstoßen und aus dem Bild heraus greifen.

Um die Illusion der Dreidimensionalität noch zu verstärken, hatte Phil die nach vorne gestreckte Klaue ein wenig verwischt, was zusätzlich die Bewegung der Pranke andeuten sollte und so die Wirkung eines realen Körpers, dessen Behaarung man förmlich wallen sehen konnte, unterstrich.

„Ein Meisterwerk, ganz ohne Zweifel. Besonders geil find ich die Jeans."

„War auch abgesprochen. Man soll ja den Mann im Tier noch erkennen können."

„Ja, ja, ich weiß", unterbrach ihn Harrison. „Bist trotzdem 'n verdammter Künstler."

Harrison war in Gönnerlaune. Der Zeitplan der Dreharbeiten schien aufzugehen, das Budget würde sich höchstens verdoppeln und die Vorarbeit für die Werbung war im Kasten, samt Trailer, Radiospot und der Webpage, die heutzutage schon Pflicht für jeden neuen Film war. Das Plakat war die Kür, aber es waren die kleinen Dinge, die aus einem Film einen Klassiker machten und sowohl die Erwartungen der Fangemeinde als auch die der Kritiker befriedigte.

„Wenn wir jetzt noch Danny Elfman für den Soundtrack kriegen, dann kann gar nichts mehr schiefgehen. Für die Musik haben wir *Backspacer* am Haken, so eine Progressive Blues-Grunge-Band aus Deutschland. Die sorgen dafür, dass das Ganze ordentlich rockt. Und ... Mann, Scheiße! Du solltest echt diesen Christian Bale beim Dreh sehen. Der Hammer ist das! Der braucht gar keine Maske und du kaufst ihm trotzdem den Wolf ab, Philly-Boy. Echt der Hammer ist das."

Phil grinste, nickte dümmlich vor sich hin und schwieg. Er hasste es wie die Pest, wenn Harrison ihn „Philly-Boy" nannte.

Diese ganze *Ich-bin-doch-dein-Kumpel-und-die-Welt-ist-doch-echt-geil*-Masche, die Harrison anzog und wieder ablegte wie ein Bankräuber seine Skimaske ging ihm tierisch auf die Nerven.

Aber das waren alles Dinge, die Phil wegstecken konnte und die sich irgendwo zwischen „Small-Talk“ und „Shit happens“ abspielten und ihn nicht persönlich berührten.

Dass Harrison Phils Cousine Sally nach einem Ritt auf der Casting-Couch unmissverständlich damit gedroht hatte, sie beruflich zu vernichten, sollte sie sich jemals jemandem anvertrauen, berührte ihn allerdings sehr.

Und er nahm es extrem persönlich.

„Schade“, meinte Harrison, wobei er ein wenig lallte und ein paar Tropfen Jack Daniel‘s auf sein Armanihemd sabberte. „Echt schade, dass die Twin-Towers futsch sind. Das wär echt ‘ne geile Skyline für den Hintergrund gewesen.“ Er lachte kopfschüttelnd und goss sich noch einen Whiskey ein. „Wusstest du, dass Sam Raimi ‘ne Szene im zweiten Spiderman-Streifen hatte, wo Spidey ein Netz zwischen den World-Trade-Center-Türmen gespannt hat, mit dem er einen Hubschrauber einfängt?“

„Nein“, entgegnete Phil. „Wusste ich nicht.“

„War aber so. Die Szene mussten sie rausschneiden. War nach dem elften September nich‘ mehr koscher, so was zu machen. Will sagen: *political incorrect.*“

Harrison schüttelte entrüstet den Kopf und kippte das Glas auf Ex. „Scheiß al-Qaida! Scheiß bin Laden!“

Phil schmunzelte. Das klang, als ob Harrison sich wirklich für die Opfer des Terroranschlags interessieren würde, was natürlich Unsinn war. Diese terroristischen Suizidanten hatten ihm schlicht den Background seines Filmplakats versaut, das war alles.

„Also …“, begann Phil, „… ich finde, die Brooklyn-Bridge macht sich doch ganz gut.“

Sie standen vor der riesigen Staffelei und begutachteten das Bild, wobei Harrison tat, als sei er der Kunstexperte des Louvre und würde gerade die passenden Worte suchen, um die Schönheit der Mona Lisa in Kategorien der Technik, Farbgebung, Perspektive und Proportionen zu bewerten.

„Das Blut kommt geil“, meinte Harrison nickend, als müsste er sich selbst zustimmen. „Sieht richtig echt aus.“

„Is‘ echt.“

„Im Ernst?“

Phil hob seine linke Hand und zeigte Harrison eine Schnittwunde auf der Handfläche, die schon fast wieder verheilt war.

„In dem Bild steckt mein Herzblut. Wortwörtlich.“

Harrison lachte gackernd und klopfte Phil auf die Schulter. „Sag ich doch, Mann. Bist‘n gottverdammter Künstler, mit Leib und Seele. Wenn einer mit der Muse rumknutscht und das Miststück bändigt, dann isses mein Philly-Boy.“

Phil grinste und schwieg. Sie plauderten noch über ein paar Belanglosigkeiten, bis er sich schließlich verabschiedete und Harrisons Wohnung verließ.

Kaum war er alleine, schlenderte Harrison zurück zur Mini-Bar und füllte sein Glas erneut. Grinsend hob er es an die Lippen und blickte auf die Staffelei.

Er blinzelte.

Die Leinwand zeigte die Brooklyn-Bridge unter einem perfekt proportionierten Vollmond.

Ungläubig durchquerte Harrison den Raum und ging auf das Bild zu, wobei er Schwierigkeiten hatte nicht zu torkeln.

Der Wolf war weg.

Ein Gefühl der Unwirklichkeit überkam ihn. Das Whiskeyglas fiel ihm aus der Hand und rollte über den Teppichboden.

Und während er fassungslos auf die Leinwand starrte und verzweifelt versuchte, das Zittern in seinen Händen zu ignorieren, hörte er hinter sich ein Geräusch, das wie ein Knurren klang.

Der Mann ohne Gesicht

Dies ist kein Geständnis, sondern eine Schilderung dessen, was geschehen ist.

Und ich weiß, dass Sie mir nicht glauben werden. Würde mir jemand die Geschichte erzählen, die ich hier niederschreibe, und ihr dann auch noch einen so reißerischen Titel geben, der mehr nach einer Gruselgeschichte als nach einem Tatsachenbericht klingt, würde ich ihn nicht ernst nehmen oder für verrückt erklären.

Doch es ist die Wahrheit, die ganze Wahrheit und nichts als die reine Wahrheit.

Ich lasse nichts weg, es sei denn, ich vergesse oder verdränge etwas, was jedoch im Endeffekt keinen Einfluss auf den Verlauf der Geschichte hat. Ich spekuliere nicht über den Sinn des Ganzen oder warum es gerade mir passiert ist. Ich beantworte keine aufkommenden Fragen und liefere keine logischen Erklärungen.

Punkt 1:
Ich habe meine Frau Ursula und meinen Sohn Frederick NICHT ermordet.

Punkt 2:
Ich weiß, WER es getan hat.

Und wenn Sie jetzt denken, ein objektives Herunterrasseln simpler Fakten vor sich zu haben, das ganze Ding einfach von oben bis unten durchlesen zu können und dann im Bilde zu sein, wie bei einer Fernsehzeitung, dann irren Sie sich gewaltig. Die leichte Kost überlasse ich anderen, dafür geht in meinem Kopf zu viel vor sich.

Ich denke über gut und böse nach. Über die bloßen Worte und deren wahre Bedeutung. Über mich. Über Dinge, die aus dem Ruder laufen, und den ganzen anderen Mist, der irgendwie eine Rolle spielt im Leben.

Und immer wieder denke ich an meterhohe, sich biegende und nach mir tastende Finger.

Doch vor allem denke ich an das Schicksal und daran, wie sehr mir der Gedanke missfällt, meine Zukunft nicht selbst in der Hand zu haben.

Ich glaube und hoffe, dass es einen Moment der Entscheidung im Leben eines jeden von uns gibt. Eine existenzielle Situation, in der Weichen gestellt werden für den späteren Lebensweg.

Diese Situation empfinde ich als Grenze. Als eine Art Barriere, die nicht von Menschenhand gezogen wurde. Sie steckt ein gigantisches, unentdecktes Gebiet ab, das uns von den Dingen trennt, die in den verborgenen Winkeln der Welt hausen, in den Schatten der Schöpfung und in den tiefsten Abgründen unserer unsterblichen Seele.

Und wann immer diese Grenze überschritten wird, beginnt der Abgrund in uns, zurückzublicken, und die Dinge aus den Winkeln kriechen hervor und nehmen unseren Platz ein.

Daran habe ich immer geglaubt und tue es auch jetzt noch, während ich auf die Gaskammer warte und alles, was mir noch zu tun bleibt, das Erzählen dieser Geschichte ist.

Also erwarten Sie bloß nicht von mir, dass ich mich beeile.

Ich sitze in der TODESZELLE, alles klar?

Es gab Typen, die saßen ihr halbes Leben hier ein, warteten und hofften darauf, dass irgendein Kerl seinen Namen auf irgendein Stück Papier kritzelte und ihnen so die Freiheit schenkte, doch die meisten hätten hundert Gnadengesuche einreichen können und schnupperten schließlich trotzdem Gas.

Wenn man hier einsitzt, dann lebt man von Tag zu Tag und kann sich erst sicher sein, dass ES nicht heute passiert, wenn man in seiner Koje liegt und die Lichter ausgehen.

WANN BIN ICH DRAN? Diese Frage ist allgegenwärtig an diesem Ort, hallt von den Wänden wider und füllt die Köpfe. Anderswo würde man dazu *Hölle* sagen, aber hier nennt man es schlicht und ergreifend *Alltag*.

Man zählt in der Nacht eine Milliarde Schäfchen, starrt die Decke an, betet und wartet auf den Tod.

Man putzt die Zellentoilette, frühstückt, erzählt schlüpfrige Witze *(das ist das, was man draußen Galgenhumor nennt)* und wartet auf den Tod.

Man klebt Briefmarken auf Werbebriefe, tauscht Zigaretten gegen Gras, hofft auf Besucher, die niemals kommen, und wartet auf den Tod. Und so weiter und so weiter.

Sie ahnen sicher, wo das hinführt.

Man wartet auf den Tod.

Und das verändert einen auf eine Art und Weise, die man nicht in Worte fassen kann, egal, wie viele Buchstaben man aneinander reiht.

ICH WARTE AUF MEINEN TOD!

Und trotzdem sind diese Zeilen kein Drama aus erster Hand, keine Trauerrede, kein Enthüllungs-Journalismus und auch nicht die berühmten letzten Worte eines Verfluchten, sondern schlicht und einfach das, was sie sind.

Die Zeilen einer Geschichte.

Meiner Geschichte.

Es wird Stellen geben, die Ihnen lang vorkommen könnten, einfach deshalb, weil sie für mich bedeutsam waren und sind und ich mir die Zeit nehme, sie so zu erzählen, wie ich sie empfunden habe. Sie werden fragen wollen: „Was hat das denn bitteschön mit diesem bescheuerten Typen zu tun, von dem am Anfang die Rede war?“ oder „Wo zum Geier ist nun dieser blöde Scheiß-Mann, der ohne sein blödes Scheißgesicht rumrennt, verdammt?“, aber das interessiert mich nicht im Geringsten.

Jeder erzählt seine Geschichte auf seine Weise, in seinem Tempo, mit seinen eigenen Worten und Metaphern. Und glauben Sie mir, es dauert erheblich länger, eine solche Geschichte aufzuschreiben, als sie zu lesen.

Es ist ungemein wichtig für mich, dass Sie das verstehen, bevor Sie weiterlesen, sonst werden Sie möglicherweise enttäuscht.

Der Teufel steckt nun mal im Detail. Sagt man nicht so?

Das nur zur Einleitung. Der Hauptteil dieser Geschichte ist der Grund, warum die Wärter alle zum Suizid verwendbaren Gegenstände aus meiner Reichweite entfernt haben und der Bleistift, mit dem ich diese Worte niederschreibe, zu stumpf und zu klein ist, als dass ich ihn mir durch das Auge in mein Gehirn hätte stoßen können.

Hätte man das Inventar meiner Zelle nicht auf Drängen des Psychologen so verändert, dass es mir unmöglich ist, meine so genannten *„suizidalen Tendenzen“* auszuleben, oder mir für die Verschriftlichung dieser Geschichte einen handelsüblichen Kugelschreiber gegeben, würden diese Seiten leer sein, die Parzelle neben meiner Frau und meinem Sohn besetzt und die Stimme der Bestie, die in mein Haus kam und meine Familie schlachtete, wäre weit weg und hätte nichts mit mir zu tun.

Doch gerade kommt der Wärter die Tür herein und sagt mir, dass Hofgang angesagt ist.

Ich muss aufhören zu schreiben, mache später weiter.

Ich spürte die ersten Anzeichen seiner Ankunft im Herbst des Jahres 1987.

Zu Beginn war es nur ein mulmiges Gefühl, das mich beim Betreten unseres Hauses überkam. Dann wurde aus dem Gefühl ein Frösteln, trotz verschlossener Türen und Fenster.

Doch schon bald war ich davon überzeugt, dass sich etwas Entscheidendes verändert hatte. Etwas in der Luft, das man wie einen zarten Geruch nicht richtig zu fassen bekam und das umso schneller schwand, je konzentrierter man versuchte, es zu lokalisieren.

Die Gewissheit, dass sich irgendetwas unter der Kellertreppe eingenistet hatte und nur darauf wartete, dass ich dumm genug war, alleine in den Keller zu gehen, überkam mich jedes Mal, wenn ich durch den Flur ging. Mir wurde regelrecht schlecht, wenn ich auch nur daran dachte, Einmachgläser aus der Speisekammer holen zu müssen oder die schmutzige Wäsche in die Maschine zu packen.

Deshalb schickte ich meinen Sohn hinunter.

Damals machte ich meine Frau für meine Angst verantwortlich, schließlich schleppte sie dieses ganze Halloween-Zeug ins Haus. Schon Wochen, bevor das für den Herbst typische rost- und urinfarbene Laub die Einfahrten und Gehwege versperrte, standen überall im Haus diese bescheuerten Kürbisse aus Porzellan. Fledermäuse aus Window-Colour klebten an den Bad-Fliesen und an sämtlichen Fenstern. Spinnweben aus Kunststoff hingen von den Lampen und auf den Fensterbrettern flackerten schwarze Kerzen. Und dann noch diese *Süßes-oder-*

Saures-Kacke, für die sie Freddy zurechtputzte, bis er aussah wie eine Mischung aus Gollum, Ozzy Osbourne und Klaus-Maria Brandauer.

Und doch hatte ich in den Jahren zuvor, wenn Ursula das Haus und unseren Sohn für dieses widerliche Kommerzfest herrichtete, nie dieses zehrende Gefühl gehabt. Dieses Gefühl, das mir mit verstaubter Stimme zuraunte, dass ich besser die Nachttischlampe brennen lassen sollte, denn sonst würde etwas aus den Schatten treten, mich packen und mitnehmen in die Finsternis.

Ich will nicht sagen, dass ich ein ängstlicher Mensch bin. Und genauso wenig kann ich von mir behaupten, besonders mutig zu sein.

Aber ich denke, dass es dazwischen noch eine Menge Grauzonen gibt, in denen man heimisch werden kann.

Mit einundvierzig Jahren weiß man natürlich, dass es das Monster unter dem Bett gar nicht gibt, dass die Zweige, die ans Fenster klopfen, nicht die Finger einer Teufelsweide sind und die leeren Flächen im Weizenfeld nicht von landenden Ufos, sondern von stürmischen Windböen stammen.

Aber wenn man nachts in seinem Bett liegt und nicht einschlafen kann, weil man neben dem Atmen seiner Frau und dem Knarren der Holzbohlen ein Geräusch hört, das wie ein leises, hämisches Kichern klingt, dann vergisst man, dass man all diese Dinge weiß, und wird wieder zu einem kleinen Kind, das verängstigt unter seine Bettdecke kriecht.

Und ich hörte dieses Kichern. Dieses heisere, glucksende, boshafte Lachen, das eigentlich nie mehr als ein Flüstern war. Ein nicht näher definierbares Nebengeräusch, das in der Stille der Nacht kaum Raum einnahm und doch immer wieder den Weg in meine Ohren fand.

Meiner Frau erzählte ich natürlich nichts davon. Sie hätte mich verspottet. Zwar liebenswürdig, wie man einem Schelm zuzwinkern würde, um ihn wissen zu lassen, dass man ihn süß findet. Oder wie man einem Lausebengel in die Backen kneifen würde, um ihm zu zeigen, dass man seine Späße verstanden hatte. Doch ganz gleich, wie lieb und verständnisvoll Ursula mit meiner irrationalen und für mich völlig untypischen Angst umgegangen wäre, für mich hätte es sich immer wie eine Erniedrigung angefühlt.

Also schwieg ich.

Das Kichern schwieg nicht, in keiner Nacht des Herbstes. Und mit dem Einzug des Winters, der sich mit seiner schneidenden, windigen Kälte und den beginnenden Schneeschauern über das Land legte und es heimsuchte wie ein ungebetener Gast, den man jahraus jahrein bewirten musste, ob man wollte oder nicht, wurde das Kichern immer mutiger.

Es wurde nicht lauter, doch es kam näher. Erst war es im Flur gewesen, hinter der Kellertür, hatte sich durch das Schlüsselloch gezwängt, war durch die Räume geweht, wie der Seufzer eines Schlossgespenstes, und dann, zwei Wochen vor dem offiziellen, kalendarisch exakt abgesteckten Beginn des Winters, der schon längst matschig und grau-weiß auf den Straßen lag, hatte das Kichern den Weg an mein Bett gefunden.

Ich erwachte eines Nachts mit einem Schrei auf den Lippen, denn ich hörte das zischende, wispernde Geräusch, das so sehr nach einem Lachen klang, direkt neben mir in der Schwärze des Zimmers.

Es war, als würde mir der Besitzer der kichernden Stimme, die in keinster Weise menschlich klang, direkt in das Gesicht lachen, unsichtbar für mich, beschützt durch die alles in Dunkelheit tauchenden Schatten.

Der nächtliche Besucher kam von nun an immer pünktlich um drei Uhr morgens an mein Bett und ließ mich wissen, dass er da war. Und doch blieb das Geräusch so vage und unbestimmbar, dass ich es nicht hätte auf einen bestimmten Punkt im Zimmer festnageln können, denn es wanderte mal hierhin, mal dorthin, war über mir, unter dem Bett, direkt neben mir, schlich wieder durch den Raum.

Zu keiner Zeit hätte ich mit Gewissheit sagen, geschweige denn beweisen können, dass ich mir das Kichern nicht einbildete.

Und so beließ ich es dabei, das dämonische Grinsen in meinem Kopf, also das visuelle, sich immer wieder verändernde Gegenstück zu dem kaum hörbaren und doch grässlich deutlichen Geräusch in der Dunkelheit des Zimmers als Symptome einer Überarbeitung abzutun, obwohl ich es doch eigentlich besser wusste.

Und jeden Tag schaffte ich es erneut, das Kichern zu verdrängen, sodass es ein nächtlicher Sukkubus blieb, der in den Strahlen der Mittagssonne schmolz, wie ein vergessener Schneemann hinter dem Haus. Tagsüber wusste ich wieder um meine erwachsene Reife, vertraute meinem gesunden Menschenverstand, nannte mich einen Idioten, tadelte mich selbst für meine kindische Furcht und zwang meine Füße, auf der Erde zu bleiben, wo sie hingehörten. Das Leben verlief in geregelten Bahnen, die Realität bildete wieder eine verlässliche Konstante und das Kichern war nur eine Einbildung.

Ein unangenehmer Traum, der irgendwann von selbst verschwinden würde.

Doch ein Traum kann wiederkommen, besonders dann, wenn er einem das Fürchten lehrt. Denn schon die Furcht vor diesem Traum bringt ihn zurück, behält ihn im Gedächtnis und beschwört ihn immer wieder aufs Neue.

Als Kind hatte ich einmal einen solchen Traum.

Ich lief durch einen Wald, in dem anstatt der Bäume meterhohe Finger aus dem Erdreich ragten. Diese Finger bogen sich mir entgegen, versuchten mich zu zerquetschen, wie einen Floh, doch ich schaffte es jedes Mal ganz knapp, zwischen ihnen hindurch zu schlüpfen, bevor sich die Fingerspitzen in den steinigen Boden gruben.

Der Traum kehrte so oft wieder, dass ich deshalb zu einem Psychiater gehen musste. Dieser erzählte meinen Eltern irgendetwas von „Penisneid“ und „fehlgeleiteter Mutterliebe“, also kaufte mein Vater mir einen Stapel *Wichsvorlagen*, wie er sie nannte, und er und meine Mutter benahmen sich mir gegenüber noch distanzierter als ohnehin schon.

Der Traum blieb der gleiche, aber meinen Eltern sagte ich, dass alles in Ordnung sei.

Erst ein paar Jahre später verschwand er. Meinen Vater hörte ich mal sagen: *„Jetzt hat er sich wohl einen von der Palme geschüttelt“* und damit war für ihn *„der Käs gegessen“*.

Und Jahrzehnte lang blieb dieser Traum in mir vergraben, wartete auf den richtigen Augenblick, um wieder von den Toten aufzuerstehen.

Und eines Tages, ich war bereits Mitte Dreißig, sah ich etwas im Fernsehen. Eine Werbung für Handcreme oder etwas in der Art. Und mit einem Mal war mir, als wäre meine Umgebung, die Couch, die Blümchentapete, die Minibar, das ganze Haus und sogar meine Familie, nur eine geschickte Täuschung, einzig und allein zu dem Zweck geschaffen, um mich abzulenken und in trügerischer Sicherheit zu wiegen.

Denn in Wahrheit befand ich mich natürlich immer noch in diesem Fingerwald, der im Wind wogte wie ein Weizenfeld aus Fleisch.

In Wahrheit war mein Leben der Traum gewesen und ich war endlich erwacht, inmitten der riesigen in den dunklen Himmel ragenden Finger, die sich zu mir herabbogen, um mich zu zermalmen.

Ah, der Wärter ruft die Schlafenszeit aus. Das Licht wird in zehn Minuten ausgehen.

Genug Zeit, um mich unter die Decke zu verkriechen und mir erfolglos einzureden, dass ich doch ein erwachsener Mann bin, der in der Dunkelheit nichts fürchten muss, außer der Furcht selbst.

Ich sah den Mann, der nun durch den Fingerwald meiner Alpträume streicht wie ein Raubtier, das erste Mal im Winter des Jahres 1994.

Freddy, mein Sohn, hatte eine hübsche Freundin gefunden, eine Kunststudentin mit einer Vorliebe für Dali, Backgammon und Sex on the beach. Hin und wieder schlief er noch bei uns, meistens wenn er und Elena, seine Freundin, sich gestritten hatten und *Distanz brauchten*, wie sie es nannten. Dabei musste ich immer an meine Eltern denken und an diesen Psychiater. Ich erinnere mich noch genau, als wäre es gestern gewesen, dass ich sagte, die Jugend von heute sei Therapeut und Patient in einem, selbstreflektiert und innerlich krank, wie ein pochender Zahn.

Mir fiel damals gar nicht auf, dass ich den gleichen zynischen Tonfall angenommen hatte, mit dem mein Vater von der Palme gesprochen hatte, aber so ist das nun einmal.

Man kann nicht verleugnen, wer man ist oder wo man herkommt, und man kann sich nicht vor den Dingen verstecken, denen man sich um jeden Preis entziehen will und die man in die Schatten drückt und in die Abgründe wirft, denn sie sind ein Teil der eigenen Persönlichkeit und finden immer einen Weg nach Hause, egal, wie lange es dauern mag.

Und am Abend vor Heilignacht offenbarte sich mir das kichernde Grauen, das mich all die Jahre wie ein in der Ferne herumschwirrender Bienenschwarm verfolgt hatte.

Zurückhaltend wie ein verdeckter Ermittler, sich hinter jeder Straßenlaterne versteckend, sodass ich es wie den bösen Traum meiner Kindheit verdrängt und in mir vergraben hatte. In Gedanken schon bei Lebkuchen und Glühwein, schnarchte ich mich langsam aber beharrlich in die REM-Phase, als ich einen Geruch wahrnahm, der mir nur allzu bekannt war und mich bis ins Mark erschütterte.

Er erinnerte mich an den Tod meines Vaters.

Damals ließ meine Mutter die Ärztin herein, und was diese sagte, als sie das Zimmer betrat, in dem mein Vater langsam und keuchend atmete, werde ich niemals vergessen.

„Hier riecht es nach Tod“, sagte sie, mit der Gewissheit einer Frau, die unzählige solcher Zimmer betreten hatte. Als ich meiner Mutter und ihr folgte, konnte ich es ebenfalls riechen.

Es war ein Geruch, wie man ihn in Pflegeheimen riechen kann, und der entfernt an faulende Blumen und Urin erinnerte.

Vielleicht wissen Sie ja, was ich meine, wenn Sie jemals am Krankenbett eines geliebten Menschen ausgeharrt haben und wussten, dass dieser Mensch sterben wird. Nicht weil der Arzt es Ihnen gesagt hat oder weil Sie es hätten sehen können, sondern weil sie es *riechen*.

Einen solchen Geruch, nur viel intensiver und stechender, verströmte die lachende Kreatur, die neben meinem Bett stand. Und im selben Augenblick, als sich ihr Odem auf mich legte wie eine zweite Haut, kam die Erinnerung zurück. Die Erinnerung an das Kichern und Glucksen, das mich nächtelang verfolgt und fast in den Wahnsinn getrieben hatte und von dem ich mir nie hundertprozentig sicher gewesen war, ob ich es mir nicht doch eingebildet hatte.

Es war wie mit dem Traum vom Fingerwald, der, durch eine zufällige Assoziation wieder zum Leben erweckt, erneut in mir gewütet hatte, als wäre er niemals fort gewesen.

Die Furcht packte mich fester denn je, als ich vergeblich versuchte, unter die Decke zu kriechen und die aufkeimende Panik auf etwas Banales zu schieben, doch dazu gab der Gesichtslose mir dieses Mal keine Gelegenheit. Damals war er nur ein Schatten unter vielen gewesen, die das Zimmer des Nachts bevölkerten, wie ein lichtscheuer Mob, sodass ich mir hatte einreden können, dass er nur ein Trugbild meiner Urangst sei. Doch jetzt gab er die Scharade auf und trat aus den Schatten hervor, sodass ich ihn im Mondlicht, das durch das Fenster hereinfiel, deutlich sehen konnte.

Neben meinem Bett, keine Armlänge entfernt, stand ein buckliges, haariges Ding mit hängenden Affenarmen und schwärender, goldbraunglänzender Haut, die sich über seinen verkrüppelten Körper spannte. Ein fleischiges, eiterndes Wesen, das entfernt an einen borstigen, armdicken und zähnefletschenden Wurm erinnerte, schlängelte sich wie eine Stola um seinen Hals, schmiegte sich um seine Hüften und wickelte ihn ein, wie ein kriechendes Kostüm.

Die Stelle, an der sein Gesicht hätte sein sollen, war eine einzige Pockennarbe, aus der das mir mittlerweile so bekannte und verhasste Kichern troff wie schwarzes Blut aus einer entzündeten Wunde.

Irgendwie schaffte ich es, mich von seinem Anblick loszureißen und endlich unter die Decke zu kriechen, mich in sie zu wickeln, als sei sie gemacht aus dem heiligen Schweißtuch des vor fast zweitausend Jahren gekreuzigten Zimmermanns, und könnte ihn, den Dämon in meinem Schlafzimmer, abwehren, wie ein Kreuz Vampire vertreibt.

Vielleicht war es auch so und ich bin nur aus diesem Grund noch am Leben. Vielleicht verschonte er mich deshalb, ließ mich unbeachtet, während er meine Frau und meinen Sohn in Stücke riss.

Aber eigentlich glaube ich das nicht, denn der seelische Tod, den ich seitdem sterbe, ist ein langsamer und schmerzvoller Tod. Die Gaskammer wird mir Erlösung zuteil werden lassen. Und ich warte, ich warte begierig darauf, sie endlich betreten zu dürfen.

Die Erinnerung an diesen dreiundzwanzigsten Dezember, der mein Schicksal besiegelte, lässt mich nicht los. Es fühlt sich fast so an, als wäre ich wieder in meinem Wald und einer der gigantischen Finger drückt mich zu Boden, schiebt mich in die Erde und durch sie hindurch, bis ich die Fegefeuer sehe und eine Ahnung von der Hölle in mir habe.

Am deutlichsten erinnere ich mich an die Schreie meines Sohnes im Nebenzimmer, als der Gesichtslose ihn sich holte. An meinen Versuch, mir die Ohren zuzuhalten. Und an die Bewegung unter der Decke. An den Wurm, der meinen nackten Schenkel hinauf kroch und sich kratzend und borstig meinem Gesicht näherte, bis ich nichts mehr riechen konnte als den organischen Gestank von Verfall und Verwesung, von Eiter, geronnenem Blut und Jahrhunderte altem Schweiß.

Schreiend richtete ich mich auf und schlug um mich. Schreiend rannte ich aus dem Haus auf die Straße und übergab mich in den frisch gefallenen Schnee. Und schreiend brachten mich die Polizisten fort, die von den Nachbarn gerufen worden waren und mich mit gerümpfter Nase auf den Rücksitz ihres Wagens warfen, angeekelt und peinlichst darauf bedacht, meine bloße Haut nicht mit ihren Händen zu berühren, ohne zu wissen, warum.

Sie sagen, ich hätte mir den Leib mit einer Drahtbürste zerkratzt, doch ich weiß es besser.

Sie sagen, ich sei übergeschnappt und hätte meine Frau und meinen Sohn mit einem Fleischerbeil in Stücke gehackt, doch ich weiß es besser.

Sie sagen, ich sei krank und gehöre weggesperrt, doch sie können weder eine Drahtbürste noch ein Fleischerbeil finden, noch können sie die Spuren auf dem Flurläufer erklären, die sich wie Salzsäure durch den Stoff ins Parkett gefressen haben und stinken wie ein seit Ewigkeiten ungeöffnetes Grab.

Und weil sie eine Menge behaupten, aber nichts davon beweisen können, fragen sie mich, was passiert ist, obwohl sie mich für unzurechnungsfähig erklärt haben.

Ich antworte auf keine ihrer Fragen.

Wie gesagt, ich liefere keine logischen Erklärungen. Aber das heißt nicht, dass ich mir keine Gedanken mache.

Ich stelle mir vor, wie der Teufel auf eine alte, rostige Schreibmaschine einhackt, seine Ideen aus dem Frühling zusammenträgt und eine Geschichte schreibt, die genau den selben Titel hat wie die Geschichte, die Sie gerade lesen.

Ich stelle mir vor, wie sich daraufhin einer seiner zahlreichen Untertanen auf den Weg macht, wie er die Stadtgrenze passiert und mich sucht, um meine Familie schnell und mich sehr, sehr langsam zu vernichten, bis in mir nur noch eine letzte Frage überlebt.

Wer war ich und wer bin ich jetzt, nachdem ich in den Abgrund in mir geblickt, mich selbst gesehen und nicht wiedererkannt habe?

So vertreibe ich mir hier die Zeit, denke an die Dämonen in meinem Kopf, an die Monster unter meinem Bett und an die konturlose, phantomhafte Fratze des Grauens, der ich gegenüberstand, und ... *ja* ... und warte auf den Tod.

Ackerland

„Versuchen Sie ma‘, den Motor zu starten.“

David trat die Kupplung und drehte den Schlüssel im Zündschloss, doch der Chrysler gab lediglich ein Kreischen von sich, das wie ein Protest klang. Die Karre war tot, zweifellos.

„Ich versteh das nicht“, sagte David verzweifelt. „Ich war erst letzte Woche mit dem Wagen in der Werkstatt, da lief er noch wie geschmiert.“

Der Farmer, vor dessen Gut Davids Wagen liegen geblieben war, zog einen schmutzigen Lappen aus der Gesäßtasche, wischte sich damit über die Stirn und blickte in die gleißende Sonne. Insekten schwirrten träge durch die Luft, vollgesogen und satt, und in dem über die brach liegenden Felder wehenden Wind konnte man bereits den kommenden Herbst erahnen.

David blickte auf sein Handy, klappte es wieder zu, steckte es in die Hosentasche und fuhr sich durch das Haar. Er trug einen dezenten, anthrazitfarbenen Nadelstreifenanzug, ein hellblaues Hemd, das mit seiner dunkelroten Seidenkrawatte harmonierte, und schwarze, auf Hochglanz polierte Lackschuhe, an denen der Schlamm und Schweinekot, aus denen der Boden gemacht zu sein schien, mittlerweile zu einer ockerfarbenen Substanz getrocknet war.

Sein Blick glitt über die in der Hitze brodelnde Landschaft.

Ackerland, so weit das Auge reichte.

Braune, schwarze und graue Rechtecke woben die Felder zusammen zu einem Netz aus Erde und Dung, das in der brütenden Hitze des Nachmittags zu atmen schien.

„Tja, ich will ja den Tag nich‘ vor dem Abend kreuzigen, aber ich denk ma‘, mit der Schüssel kommen Sie heut‘ nirgends mehr hin, aber ... wenn Sie wollen, kann ich Sie nachher mit in den nächsten Ort nehmen. Liegt auf‘m Weg ... sozusagen. Muss vorher nur noch meine Lieblinge füttern."

Als hätten ihn die Tiere gehört, ertönte plötzlich ein forderndes Quietschen und Blöken, das David eine Gänsehaut über den Körper jagte.

„Ihre ... was?"

Der Farmer grinste über das ganze Gesicht, wischte sich erneut mit dem Lappen über die Stirn und wies mit der freien Hand auf ein Gebäude hinter der Scheune, vor der sie standen. „Meine Mastschweine", verkündete er stolz. „Ohne die würd‘ hier gar nix mehr laufen. Ich mein‘ ... schau‘n Sie sich doch ma‘ um. Seh‘n Sie hier irgendwo noch ‘nen Hof? Oder ‘nen Stall?"

„Also ..."

„Sind Sie irgendwann während der letzten Stunde, als Sie noch auf der Straße war‘n, an irgendwas anderem vorbeigekommen, als an Straßenschildern?"

David dachte nach. „Nein", erwiderte er. Er konnte sich nur an den hypnotisierend gleich bleibenden Mittelstreifen und die die Straße säumenden Äcker erinnern, die auf ihn gewirkt hatten wie Massengräber einer unbekannten Schlacht. „Jetzt, wo Sie es sagen … nein, bin ich nicht.“

Der Farmer steckte den Lappen in seine Gesäßtasche und nickte eifrig. „Liegt am Land.“

David, der sich für das Thema zu erwärmen begann, wirkte verwirrt. „Ich kann Ihnen nicht folgen. Was … liegt am Land?“

„Das Land is so tot wie ein Friedhof, mein Junge. Toter geht’s nich. Hat mit diesen verdammten Genfuzzis zu tun. Die haben hier vor ein paar Jahren versucht … Sachen zu züchten … irgendwas, wo sie die Gene oder so verändert haben.“

„Sie meinen genmanipulierten Mais.“

„Pah“, brachte der Farmer hervor und spuckte in den Schlamm auf dem Boden. „Was auch immer!“

„Nun“, begann David, „ich schätze, alles hat Konsequenzen.“

Der Farmer blickte David an und kniff die Augen zu Schlitzen zusammen, als würde er ihn in einem völlig neuen Licht betrachten.

„Konsequenzen! Pah! Dieses Land is‘ so tot wie die Dietrich, das is‘ dabei rausgekommen! Und sonst gar nichts!“

David wurde das Ganze unheimlich.

Die spätsommerliche Hitze erdrückte ihn schier unter ihrer Gewalt, als befände er sich in einem Backofen. Er wollte nur noch weg von hier, einen Abschleppwagen organisieren und dann schleunigst weiter kommen.

„Was ...“, begann er, mehr um das Thema zu wechseln, als aus ehrlichem Interesse, „... was ist mit Ihren Feldern? Ich meine, Sie leben doch nicht allein von Ihren Nutztieren, oder?“

„Nee, das würde mir nich‘ genug einbringen, um zu überleben, aber ... der Acker im Herzen eines Mannes ist steiniger. Ein Mann bestellt ihn und lässt darauf wachsen, was er kann.“

David blickte den Farmer verblüfft an. „Ist das von Ihnen?“

„Stephen King. Friedhof der Kuscheltiere. Gutes Buch. Aber ... meine Güte, ich rede und rede. Lassen Sie uns erstma‘ reingeh‘n und was Kaltes trinken. Hier draußen holt man sich ja nen Sonnenstich!“

Daraufhin ging der Farmer in Richtung des Wohnhauses, wobei er durch den in der Hitze zu Skulpturen gebackenen Matsch des Hofes stapfte und sich erneut mit dem Lappen den Schweiß von der Stirn wischte.

David blickte dem Alten zweifelnd hinterher, zog sein Handy aus der Hosentasche und klappte es auf. Als er sah, dass er noch immer keinen Empfang hatte, steckte er es wieder weg und folgte dem Farmer, der bereits im Schatten einer windschiefen Veranda verschwunden war und das Wohnhaus betreten hatte.

Das Innere des Hauses wirkte so trist wie sein Äußeres, als wäre das Gebäude lediglich ein Schuppen, in dem man Dinge einlagerte, um sie irgendwann wieder hervorzukramen und sich zu fragen, wozu man sie einst benutzt hatte.

Graue, staubige Holzdielen, die bei jedem zweiten Schritt knarrten und ächzten. Verblichene Tapete, die von den Wänden schimmelte. Farblose Läufer zwischen Raumöffnungen, die Kellerlöchern glichen. Im Flur stapelten sich Taschenbücher in absurd hohen Stapeln, Reihe an Reihe, bedeckt mit einer fingerdicken Staubschicht.

Kopfschüttelnd betrat David einen Raum, in dessen Mitte ein Tisch, eine alte Bauernkommode und drei wacklige Holzstühle standen. Einzig das Vorhandensein eines alten, sargförmigen Kühlschranks und eines rostfleckigen Waschbeckens aus Emaille ließ erkennen, dass es sich dabei um die Küche handeln musste.

Der Farmer stellte einen schmutzigen Glaskrug mit Wasser auf den Tisch, spülte zwei Gläser ab und stellte sie daneben. David wollte schon aus Ekel vor all dem Schmutz ablehnen, doch er konnte sich nicht bremsen. Er kam schier um vor Durst. Er füllte das Glas, leerte es in einem Zug, stellte es wieder auf den Tisch und stöhnte befriedigt auf.

„Geht nichts über Quellwasser, wenn die Sonne brennt, nich‘ wahr?“

David nickte und sog die Luft in tiefen Zügen ein, wobei er den Staub, der über allem lag, förmlich auf der Zunge schmecken konnte.

„Sie haben meine Frage nicht beantwortet“, sagte David, wobei er sich vorkam wie der kleine

Prinz von Antoine de Saint Exupéry, der eine Frage so oft stellte, bis er eine zufriedenstellende Antwort bekam.

„Welche Frage?“

„Ihr Ackerland. Es sieht aus, als würde es weiterhin bestellt werden. Zumindest macht es mir den Eindruck. Es wurde gepflügt, daher gehe ich davon aus, dass auch etwas ausgesät und geerntet wurde.“

„Das is‘ richtig. Bin der Einzige, der sich hier in der Gegend halten konnte.“

Der Farmer sagte das nicht ohne einen gewissen Stolz, als würde er sich gegen verheerende Naturgewalten zur Wehr setzen.

Fast so, als wäre die Tatsache, dass er sein Land weiterhin bestellte, obwohl die Welt in einem Radius von mehreren Kilometern unfruchtbar zu sein schien, eine rekordverdächtige Leistung, wenn nicht gar ein biblisches Wunder.

„Was bauen Sie denn an?“

„Was ich kann“, antwortete der Farmer mit einem verschmitzten Lächeln. „Mais, Kohl, Tomaten ... was Sie wollen.“

„Wie machen Sie das, wenn der Boden wirklich so tot ist, wie Sie sagen? Wenn Sie irgendein Patentrezept haben, dann raus damit.“

Der Farmer grinste, erhob sich, schlurfte zum Kühlschrank und öffnete ihn. Ein metallischer, verfaulter Geruch strömte in den Raum, während er etwas aus dem Kühlschrank nahm und auf den Tisch wuchtete.

„Was ist das ... was zum ...“, entfuhr es David, der angewidert aufsprang und sich eine Hand vor den Mund hielt, um sich nicht übergeben zu müssen.

„Innereien“, sagte der Farmer, als sei es das Natürlichste von der Welt, während er den summenden Kühlschrank schloss und sich wieder auf den Stuhl setzte. „Ich schlachte die verkrüppelten Frischlinge, die es eh nich‘ lang machen würden.“

Er schien amüsiert zu sein über den Ekel seines Gastes. David, der zur Tür zurückgewichen war, kam zögernd näher und blickte in den Metalleimer, in dem er nur vage eine in sich verschlungene Masse aus grauem Gedärm, verwesendem Fleisch und wimmelnden Maden erkennen konnte.

„Ich lass das Zeug gären, bis es reif is‘, dann verfütter‘ ich‘s an meine Lieblinge. Dann müssen sie es nur noch verdau‘n, wieder ausscheid‘n ... und das war’s. Is‘ der beste Dünger, den‘s wo gibt.“

Der Blutgeruch war übermächtig und schien beinahe greifbar in der Luft zu schweben.

Benommen hielt David sich an der Tischkante fest und schwankte leicht, als er realisierte, was der Alte ihm da erzählte.

„Aber das is noch längst nich‘ alles. Kommen Sie ma‘ mit, mein Junge. Ich zeig‘s Ihnen.“

Der Farmer stand auf, hob den Eimer vom Tisch und verließ die Küche.

Ungläubig wankte David ihm hinterher und folgte ihm nach draußen.

Das Blöken und Kreischen im Stall war mittlerweile um ein Vielfaches lauter geworden.

Offenbar konnten die Tiere es gar nicht abwarten, mit den Überresten ihrer eigenen Jungen gefüttert zu werden.

David drehte sich der Magen um.

Zögernd folgte er dem Farmer in den Stall, blieb jedoch an der Tür stehen, als er das gierige Schmatzen und Schlürfen hörte, als der Alte den Eimer in den Futtertrog leerte. Die Tiere stritten sich um die gammligen Überreste, schrien und quietschten in namenloser Angst, zu kurz zu kommen.

David sah von der Tür aus ihre miteinander verschmelzenden Schatten, doch er konnte nur vage die Umrisse der massigen Körper erkennen. Der durchdringende Gestank von Blut, Verwesung, rohem Fleisch und frischen Fäkalien drohte ihm die Sinne zu rauben. Lächelnd trat der Farmer in die Sonne und blickte über sein Ackerland. Den Eimer, von dem noch immer Rinnsale aus halb geronnenem Blut tropften, das in der Hitze der Sommersonne trocknete, stellte er neben die Stalltür.

„Noch ein paar Fütterungen und der Boden ist bereit, um nächstes Frühjahr wieder Früchte zu tragen.“

Das laute Schmatzen jenseits des Troges zog David magisch an, mit jener unsäglichen und perversen Faszination, die Autofahrer dazu verleitet, ganz langsam an einer Unfallstelle vorüberzufahren, um blutige Details erkennen und sich im Nachhinein schockiert vom Gesehenen zeigen zu können.

„Kopfschmerzen?“ Der Farmer lachte kurz und abgehackt. „Das liegt am Rohypnol. Keine Sorge, das ... geht vorüber.“

Zitternd stützte David sich an der eisernen Stalltür ab und spähte hinein.

„Es geht nichts über Kot, wissen Sie? Aber die Art is‘ wichtig“, setzte der Farmer seinen Vortrag fort. „Und ich hab alles probiert, das können Sie mir glauben.“

David erkannte nackte, mit Schmutz verschmierte Körper, die sich in den Trog beugten und wie wild die Innereien verschlangen.

Er erkannte Haare, Hände, Füße und Gesichter, entmenschlicht und stumpf, der wilden, hirnlosen Raserei ihres Hungers ausgeliefert. Fette, glänzende Bäuche und knochige, gebeugte Rücken. Aufgeblähte Körper, die den aufrechten Gang verlernt und sich auf ihre niedersten und rudimentärsten Sinne besonnen hatten.

„Aber nichts ... absolut nichts ...“, hörte David noch, bevor ihm die Sinne schwanden und er zusammenbrach, „... geht über *menschlichen* Kot.“

Die Rückkehr der Bestien

Mein Name ist Martin Lennon. Ich bin 34 Jahre alt, ledig, schlage mich mehr schlecht als recht als privater Ermittler durchs Leben und wohne in einem bestenfalls durchschnittlichen Stadtteil von London.

Von Zeit zu Zeit versuche ich mich als unabhängiger Berater bei regionsübergreifenden Ermittlungen, bei denen meine Ortskenntnisse und langjährigen Erfahrungen in den einschlägigen Milieus Londons für die Polizei von Nutzen sein können.

Seit einiger Zeit bin ich sehr gefragt, genauer gesagt, seit der *Themse-Schlitzer*, wie ihn die Presse getauft hat, zu morden begann.

Es ist schon merkwürdig, dass erst Blut vergossen werden musste, um mein schleppendes Geschäft anzukurbeln. Ein Umstand, der mir nicht sonderlich behagt. Ich profitiere nicht gerne vom Leid meiner Mitmenschen und tröste mich daher mit dem Gedanken, dass ich durch meinen Beitrag bei den polizeilichen Ermittlungen andere Menschen vor Schaden bewahren kann. Die Polizei, speziell die Jungs von Scotland Yard, sind schon eine Truppe für sich.

Zu blöd, um gegen den Wind zu pissen, und zu eingebildet, um sich mit Kleinigkeiten abzugeben. Keiner der feinen Herren hatte Lust, in den Spelunken zu ermitteln, in welcher die meist obdachlosen Opfer des Schlitzers ihre Zeit totschlugen.

Aus diesem Grund beauftragte man ein paar *Schnüffler* für die Drecksarbeit. Mir macht das nichts aus, denn auch Drecksarbeit wird gut bezahlt. Ich kenne mich aus im düsteren Gassengwirr Londons, kenne die *Dos & Don‘ts* der Londoner Unterwelt, sodass ich problemlos dort Erkundigungen einholen kann, wo man die feinen Pinkel vom Yard nicht einmal bedient hätte, wenn sie mit Golddublonen bezahlt hätten.

Ich weiß nicht, ob diese Tatsache als schlichtes Kompliment meiner Verbundenheit zum *Mann der Straße* zu verstehen ist oder als eine offensichtliche Beleidigung und ein unverschämter Beweis meines geringen gesellschaftlichen Standes.

Wie dem auch sei.

Nachdem ich mir wochenlang die Hacken abgelaufen habe für ein paar dürftige Informationen, die auf reinem Hörensagen beruhen oder so fantastisch klingen, dass man sie unmöglich ernst nehmen kann, gab ich meine Mitarbeit an dem Fall auf, mit der Begründung, bei der Auflösung nicht dienlich sein zu können.

Der wahre Grund für meinen Rückzug war, dass ich es immer mehr mit der Angst bekam, je mehr sich die Aussagen und Zeugenberichte zu einem Bild zusammenfügten.

Meine Hand zittert, während ich dies schreibe, und mir ist kalt, obwohl im Kamin ein Feuer lodert. Durch das Fenster kann ich den Mond sehen, dem nicht mehr viel zu einem perfekten Kreis fehlt.

Sein fahles Licht scheint gleichgültig ins Zimmer und macht aus meinen Vorhängen Leichentücher. In ein paar Tagen, wenn er wieder rund und voll ist und die niederen Kreaturen in seinen hypnotischen Bann zieht und aus ihren Verstecken lockt, wird das Töten weitergehen. Das weiß ich mit unumstößlicher Gewissheit.

Und es gibt noch mehr, das ich über die Morde weiß und niemandem anvertrauen werde, solange ich lebe.

Diese Aufzeichnungen wird mein Notar zusammen mit meiner Geburtsurkunde und meinem letzten Willen in einem Safe verwahren und sie erst dann der Öffentlichkeit zugänglich machen, wenn ich nicht mehr sein werde.

Ich schäme mich nicht, den *Themse-Schlitzer* seiner blutigen Arbeit nachkommen zu lassen, ohne auch nur den Versuch zu unternehmen, ihn davon abzuhalten, denn ich weiß genau, wann es hoffnungslos ist zu kämpfen und wann man besser die Beine in die Hand nimmt und flieht, um seine Haut zu retten.

Niemand würde auf die haarsträubende Idee kommen, sich einem Tsunami oder einem ausbrechenden Vulkan entgegenzustellen. Und ich weiß zu viel über den Schlitzer, um so dumm oder so blind zu sein, zu glauben, ich könnte aufhalten, was in meiner Stadt entfesselt wurde.

Der *Themse-Schlitzer* ist eine unkontrollierbare Naturgewalt. Eine rasende Bestie, deren Zeit gekommen ist. Und das meine ich nicht symbolisch oder metaphorisch.

Das Ding, das innerhalb von vier Monaten in ebenso vielen Vollmondnächten dreizehn Menschen zerfleischt hat, ist kein Mensch.

Jeder, der sich mit dem Fall beschäftigte und über Informationen verfügte, die über das sensationsgierige Palaver der Klatschblätter hinausgingen, musste unweigerlich zu diesem Schluss kommen.

Die Leichen waren buchstäblich zerfetzt worden, so als hätte sie eine Lokomotive überfahren. Teilweise wiesen die erbärmlichen Überreste der Opfer Bissspuren auf und tiefe Schnittwunden, deren Ränder furchtbar eingerissen waren, als hätte ein riesiger Metzger sich mit einer stumpfen Machete ausgetobt.

Im Yard war die Rede von einem Hünen mit Bärenkräften, von einem Wahnsinnigen, der sich für einen Werwolf hielt. Doch niemand hatte eine Erklärung für die schier grenzenlose Vernichtungswut des Killers oder seinen offensichtlichen Appetit auf menschliches Fleisch.

Niemand zog auch nur in Erwägung, den Mörder in den Legenden und Mythen zu suchen, die niedergeschrieben wurden, noch bevor die ersten Menschen diesen Teil der Welt kolonisiert hatten oder bevor die Menschheit sich zu einer aufrecht gehenden Zivilisation entwickelte, die den Grundstein legte für die heutige Gesellschaft.

Es gibt Dinge, die nur im Dunkeln gedeihen, wie Fleisch gewordene Alpträume, die man nachts hinter den Wänden flüstern hört und deren Existenz man vehement leugnet, gleich, wie viele Indizien auf ihr Vorhandensein schließen lassen. Dinge, die so gewaltig und schrecklich sind, dass ihre bloße Existenz ein Sakrileg darstellt für jede empfindungsfähige Kreatur, welche dazu verdammt ist, ihrer ansichtig zu werden.

Der Mensch ist jedoch ein Wesen, dessen Erbgut sich an die Ängste erinnert, die es in grauer Vorzeit erleiden musste.

Es vergisst sie nicht, sondern verdrängt und vergräbt sie lediglich, bis sie sich im Laufe der Zeit zu Intuitionen verwaschen, die man umgangssprachlich *Urängste* nennt.

Die Angst vor Feuer, vor den endlosen Tiefen des Alls oder dem Terror einer fremdartigen und in allen nur denkbaren Bereichen überlegenen Kreatur, die an der Spitze der Nahrungskette steht und der man nichts entgegenzusetzen hat und vor der man sich nicht schützen kann, außer durch den puren, nackten Fluchtinstinkt, der einem jeden von uns eigen ist.

Evolutionär betrachtet sind diese Ängste Schutzmechanismen, die unsere Spezies vor dem Aussterben bewahrt haben und uns durch das Vermeiden einer potenziell zerstörerischen Alternative überleben ließen.

Meist sind diese Ängste auf Erfahrungen unserer Mitmenschen zurückzuführen, von welchen wir profitieren und die wir nutzen können, um die mitunter tödlichen Konsequenzen niemals am eigenen Leibe erfahren zu müssen.

Doch manchmal haben diese Ängste einen Ursprung in handfesteren Dimensionen und es ist nicht die Dunkelheit, die wir instinktiv fürchten, sondern das namenlose Ding, das in ihr lauert. Und manchmal hat dieses Ding Reißzähne, Klauen und giert nach menschlichem Fleisch.

Ich weiß sehr wohl, dass das verrückt klingt, aber das interessiert mich nicht. Ich will lediglich aufschreiben, was ich weiß oder zu wissen glaube, bevor ich einen dieser Schutzmechanismen aktiviere und alles, was ich gesehen und erfahren habe, verdränge, bis es zu einem flüsternden Schatten im Reich meiner Urängste degeneriert. Und ich glaube, dass diese Schutzmechanismen ebenfalls eine im Erbgut des Menschen verankerte Reaktion auf das völlige Ausgeliefertsein einer höheren Macht sind.

Zumindest, wenn man den Höhlenmalereien der Cro-Mags Glauben schenkt, in deren Legenden monströse Götter ganze Völker verschlingen oder Kontinente versinken lassen.

Sagenumwobene Mythen, in denen hoch zivilisierte Städte über Nacht zu Ruinen werden, die nicht die geringste Spur ihrer einstigen Bewohner mehr aufweisen.

Doch wie gesagt, das Yard hielt sich an Fakten und blieb in dem ihm bekannten Mikrokosmos des Überschaubaren.

Die ersten Morde waren ein Schock für London. Die Zeitungen schrien förmlich nach Vergeltung. Vergleiche wurden gezogen zwischen dem *Themse-Schlitzer* und dem guten, alten

Jack, doch aufgrund der völlig ausufernden Brutalität, die man den Überresten der Opfer ansehen konnte wie eine makabere Handschrift, verwarf man diese Theorie rasch, auch wenn die traditionelle Methode mit dem Rasiermesser auf eine perverse Art und Weise romantischer gewesen wäre.

Man dachte an abgerichtete Kampfhunde, doch auch diese Theorie erschien wenig glaubwürdig, wenn man sich die Größe der Bissspuren genauer ansah.

Es wurde viel spekuliert, doch niemals bestätigt oder gar bewiesen.

Was den Ermittlern jedoch von Anfang an ein Rätsel war, hatte mit den Spuren zu tun, die man am Tatort fand und die keiner der Experten auch nur im Ansatz einer lebenden Kreatur zuschreiben konnte.

Sachverständige sprachen von einem Elefanten, so groß waren die Abdrücke im Schlamm des Themseufers, doch aus verständlichen Gründen der Unvereinbarkeit mit den Haaren, die man ebenfalls am Tatort fand, verwarf man auch diese Theorie.

Nach dem dritten Vollmond wurde der Killer offenbar sicherer. Zumindest kam es mir so vor, als würde er ungehemmter töten.

Für diese Theorie sprach sowohl die wachsende Anzahl seiner Opfer als auch die Tatsache, dass er von mehreren Menschen gesehen wurde.

Man erzählte von einem riesigen Ding, das aus den Kanälen der Themse gekommen sei und den

Mond angeheult habe, wie ein gigantischer Wolf. Ein Ding mit klauenbewehrten Pranken und einem zottigen Fell, das stank wie der ganze Londoner Zoo zusammen. Von rot glühenden Augen war die Rede und von einem Knurren, das durch die Alleen hallte und sich an den Kais brach. Ein Sterne verdunkelndes Ding, das trotz seiner unglaublichen Größe ungemein schnell und agil zu Werke ging. Ein Monster, das unmöglich Teil von Gottes Plan sein konnte.

So oder so ähnlich drückten sich die Befragten aus und es war mehr als beeindruckend, wie erschüttert selbst die härtesten Brocken unter ihnen zu sein schienen. Es war eben diese ungeheuchelte, nackte Angst, die mich alles zusammentragen und überprüfen ließ und die letztlich zu diesen Aufzeichnungen führte.

Ich suchte nach vergleichbaren Fällen in der Vergangenheit und ich musste sehr, sehr weit in der Zeit zurückreisen, um etwas zu finden.

Was ich fand, raubt mir den Schlaf und vergiftet meine Gedanken.

Wissenschaftlichen Aufzeichnungen zufolge, die sich mit dem Ursprung des menschlichen Seins befassen, wurde das Alter unseres Planeten seit jeher unterschätzt.

Noch bevor sich die erste organische Lebensform aus dem Urschlamm kämpfte, um den aufrechten Gang zu erlernen, hatte es eine Zeit gegeben, in der die Welt von Blut und Gewalt beherrscht wurde. Ein Zeitalter der Bestien, die niemals in Darwins Theorie der Selektion Platz gefunden hatten, sondern seit Anbeginn allen Seins über den Dingen standen.

Ein vom Menschen bislang nur erahntes Zeitalter, in welchem es nichts gab, außer Hunger, Wahnsinn und die Raserei im Licht des Vollmondes.

Eine Zeit des absoluten Terrors, die über unsere Ängste einen Weg fand in die Träume unserer Ahnen und somit Einzug erhielt in die Legenden über Riesen, Menschenfresser, Ungeheuer und Dämonen. Mythen, die man in jeder Kultur finden kann, wenn man nur danach sucht.

Der nordamerikanische „Wendigo“, der das Fleisch seiner Opfer verzehrt, um deren Lebenskraft aufzunehmen.

Die todbringende Göttin „Kali“, die Verkörperung des Zornes, die das Weltall mit ihrem Brüllen erfüllt.

Der grausame „Cthulhu“, der schlummernd in der versunkenen Stadt „R'lyeh“ auf die Zeit seiner Wiederauferstehung und Herrschaft wartet.

All diese Mythen legen Zeugnis über das Vorhandensein von außerweltlichen Naturgewalten ab, deren Spuren man vage zu erkennen glaubt, wenn man auf der Suche ist nach einer Erklärung für das Verschwinden der Indianerstämme in North-Dakota um 1500, der Siedler im arktischen Eis zu Beginn des neunzehnten Jahrhunderts oder, wenn man sich die mysteriösen Geisterstädte auf der ganzen Welt ansieht, die buchstäblich über Nacht entvölkert wurden, als hätte die Hand Gottes zugeschlagen.

Ich frage mich, ob diese Dinge immer bei Vollmond geschehen.

Ich stelle mir einen Ameisenhaufen vor, den ein unachtsamer Wanderer verwüstet.

Wie erinnern sich diese winzigen Kreaturen daran? Geben sie dem Wesen, das sie in ihrem beschränkten Kosmos unmöglich verstehen können, einen Namen und erinnern sich seiner?

Oder verdrängen sie die Raserei des Zerstörers und verbannen sie in die unwirkliche Welt der Sagen und Legenden?

Und würden wir es nicht ebenso tun?

Ich weiß es nicht, aber ich weiß, dass ich am Ende meiner Kraft bin.

Ich habe die Schlachtfelder an den Ufern der Themse gesehen, habe meine Hand in die gigantischen Fußspuren des Monsters gelegt, das London zu seinem Revier erklärt hat.

Und ich habe gesehen, was es von seinen unglücklichen Opfern übrig lässt, wenn es sich satt gefressen hat.

Wenn das nur der Anfang war, der die Rückkehr der Bestien einläutet, wie ich befürchte, dann bedeutet dies ohne Übertreibung das Ende der Menschheit.

Seit letztem Vollmond ist die Presse in aller Welt alarmierend voll mit Leichen, Gutachten, Expertenmeinungen und wahnwitzigen Theorien. Ganze Stadtteile wurden ausgelöscht.

Die Straßen schwimmen im Blut.

Ich bete, dass ich immer noch erfolglos bin beim Ziehen meiner Schlüsse und dass ich mich irre. Immerhin sterben täglich Tausende durch die Hand ihrer Artgenossen. Mord liegt uns Menschen nun einmal im Blut.

Aber ich zweifle daran, dass die Dinge noch lange beim Alten bleiben werden. Ich zweifle daran, dass diese Aufzeichnungen jemals von Belang sein werden, außer vielleicht in demselben Maße wie die Höhlenmalereien der ersten Menschen, die deren Existenz weit überdauerten, um der Nachwelt blutige Mythen zu hinterlassen von der Jagd, der Beute und den Jägern.

Es sind die Spuren, die man überall auf der Welt gefunden hat, die meine Zweifel nähren. Sie sind groß genug, um von einem Elefanten stammen zu können, was man jedoch allgemein für ausgeschlossen hält, denn die Haare, die man ebenfalls fand, stammen eindeutig vom Fell eines Raubtiers.

Auf der Hut

„Come on, Baby, light my fire.
Try to set the night on fire.
Girl, we couldn't get much higher.
Come on, Baby, light my fire."

The Doors

Manchmal kann ich nachts nicht schlafen.

Ich liege stundenlang wach in meinem riesigen Bett und höre meinen Gedanken zu.

Dann denke ich alles Mögliche.

An Parkbänke zum Beispiel.

Ich denke sehr oft an Bänke.

Es ist ein Gefühl, als würde man einen Raum betreten, in dem gerade ein Feuer gewütet hat.

Ich habe dann immer diesen beißenden, metallischen Geschmack auf der Zunge und mein Atem beginnt zu pfeifen, so als hätte ich wieder angefangen zu rauchen, aber das habe ich nicht. Meine letzte Zigarette habe ich an dem Tag geraucht, an dem es passiert ist.

Das ist jetzt ziemlich genau vier Jahre her.

Ich kann nicht genau sagen, warum, aber in diesen Momenten, in denen ich daliege und nachdenke, bringe ich das Bild einer Parkbank unweigerlich in Verbindung mit einer Schar von Männern in orangefarbenen Overalls.

... Hansom Church Hospital ...

Nein, es sind Kinder, frisch von der Uni. Greenhorns im Krisengebiet, mit erschöpften, entsetzten Gesichtern.

„Die brennende Giraffe“ hängt verborgen in der Dunkelheit gegenüber an der Wand, aber ich kann das Bild trotzdem sehen. Wenn das Leichentuch im Wind flattert und ich für einen kurzen Moment erblicken kann, was es bedeckt, erkenne ich das Tier mit dem langen Hals im düsteren Schattenspiel der Nacht, wie es mit flammender Mähne in der Tundra einer verlassenen Einöde steht.

Der Hintergrund ist düster. Blau, schwarz, violett. Die Flammen lodern und fressen sich beharrlich den Rücken des Tieres hoch, vertilgen es im letzten Licht des Vollmondes, doch es blickt einfach in die Ferne, aus dem Bild heraus und in das Gesicht des Betrachters.

Hier sieht es nur mich.

Mich und das Feuer *meines* Schmerzes.

Irgendwann wird es dann hell und ich hoffe, dass der neue Tag besser wird.

Tag für Tag.

Seit sie weg ist, ist alles anders.

Farbloser.

Wie die Kopie einer Kopie einer Kopie vergehen nichts sagende bald vergessene Momente, die denen, die folgen, gleichen wie eineiige Zwillinge. Die Zeit scheint bedeutungslos geworden zu sein. Na ja, wie sagt man?

Es ist, wie es ist, nicht wahr?

Vor ein paar Nächten kam dieser Film im Kino in der Spätvorstellung. *„Fight Pub“*, oder so. Brad Pitt und Edward Norton waren ziemlich cool gewesen.

In dem Film war von menschlichen Abgründen die Rede und davon, dass man seine innere Höhle finden muss, um die Schrauben in der Birne wieder fest zu drehen.

Na ja. Wenn das wahr ist, dann werde ich noch ein Weilchen in meinen eigenen Katakomben herumstöbern, damit ich möglichst bald mit dem Schraubendrehen anfangen kann, aber wer sollte das nicht hin und wieder tun?

In der Pflegestation, in der ich arbeite, läuft es ganz gut. Ich mache nicht mehr, als ich muss, eher weniger.

Es ist mir auch egal, ob Mrs. Keaton sich wohlfühlt, wenn ich sie wasche. Und glauben Sie mir, es ist kein Vergnügen, no, Sir! Jedenfalls nicht für mich, denn die Dame hat ihre besten Jahre schon lange hinter sich.

Genauso wie Mr. Porter, mit dem ich nach der Visite immer erst diskutieren muss, bevor er mich das Bett frisch beziehen lässt. Ein Dinosaurier von Opa, über achtzig und geprägt von der disziplinierenden Erziehung eines römisch katholischen Jungeninternats. Der alte Sack ist des Pflegeheimes, in dem er vor sich hinvegetiert, überdrüssig und reagiert daher auf alles, was man tun will, ablehnend. Natürlich nur, wenn er seine guten Momente hat.

Ansonsten benutzt er seine dreibeinige Gehhilfe als Schlagstock, erfindet Schimpfwörter und pinkelt in die Blumentöpfe.

Den kann ich leiden wie eine Blasenentzündung in fortgeschrittenem Stadium.

Aber ich komm schon klar. Muss nur bei Kräften bleiben. Immer auf der Hut sein.

„Es kann immer alles passieren."

Dieser Gedanke pulsiert klar und heiß in meinem Kopf, wie die Endlosschleife einer Sonnenfinsternis. Greifbar deutlich und allgegenwärtig.

Melissa.

Es ist heiß hier in meinem Zimmer, obwohl die Fenster weit geöffnet sind.

Augusthitze. Keine Brise bringt Erleichterung.

Das Thermometer in der Küche zeigt zweiunddreißig Grad an, in der Waschküche dürfte es also mindestens fünf Grad wärmer sein.

Bestimmt hat der Hausmeister da seine Finger im Spiel.

Er hat die Heizung manipuliert, wegen des Softdrinkautomaten, den er sich gekauft hat.

Wahrscheinlich denkt er, wenn er die Heizung aufdreht, würden die Mieter sich auf seinen Getränkeautomaten stürzen und er hätte seine Investition ruckzuck wieder drin und was an Kohle nebenher. Irrtum. Keiner will etwas haben.

Der Automat musste noch nicht einmal neu bestückt werden.

Der Trottel dachte wohl, sein Plan wäre narrensicher, aber ohne mich. Ich bin immer auf der Hut.

Allzeit bereit, haha!

Ich hab mir daraufhin einen Mordstrümmer von Ventilator gekauft. Wenn ich ihn auf die hintere Waschmaschine stelle und die Tür öffne, kann ich das Klima in der Waschküche wenigstens erträglicher machen.

Einige im Haus finden das allerdings nicht. Der Typ aus der 15 zum Beispiel, der mit den Katzen.

Verteilt überall im Haus die Haare seiner geliebten Viecher, die allesamt Allergien und Würmer mit sich bringen und dazu auch noch stinken wie die Pest, und besitzt auch noch die Unverschämtheit, sich bei der Mieterversammlung über mich zu beschweren.

Er meinte doch allen Ernstes, der Ventilator sei ein Sicherheitsrisiko und er würde ihn *„entsorgen“*, wenn ich mich nicht darum kümmere.

Doch er tat es nie. Genauso wenig wie der Hausmeister.

Sie würden es nicht wagen.

Ich glaube sie haben irgendwie Mitleid wegen meiner Tragödie, ha.

Vielleicht fürchten sie mich ein bisschen.

Die Gedanken sind frei, niemand kann sie erraten.

Seit dem Tag, an dem es passiert ist, habe ich eine Unmenge von Gedanken.

Sie schleichen sich wie Einbrecher in meinen Kopf und füllen ihn aus wie einen übervollen Bus, der sich durch eisigen Schneematsch kämpft.

Manche von diesen Gedanken scheinen noch nicht mal meine eigenen zu sein, denn sie haben Erinnerungen im Schlepptau, die für mich keinen Sinn ergeben. Unterwassermonster, gefangen in einem Netz, zappelnd, gierig und mit unzähligen Tentakeln um sich schlagend.

Diese Gedanken tun mir in der Seele weh und doch ergibt alles keinen Sinn. Dabei sollte es das doch, oder? Einen Sinn ergeben.

Manchmal ist es fast so, als würde ich durch die Augen eines anderen in die Vergangenheit sehen. Oder in die Zukunft, oder in andere Dimensionen, oder was es da noch so gibt.

Sieht eigentlich immer ziemlich verqualmt aus da und viele bunte Lichter blinken. Kein Laut ist zu hören.

Ich sehe ein Stoppschild, mit dem irgendetwas nicht zu stimmen scheint. Der Anblick des Schildes erinnert mich auf irgendeine Art und Weise an einen kahlen Igel, nackt und rot.

Außerdem ist da ein verbrannter, siechender Geruch, der über allem schwebt, alles durchdringt und daraus hervorquillt, den ich aber irgendwie als angenehm und befreiend empfinde.

Wie gesagt, eine Unmenge von Gedanken.

Verliere ich den Verstand?

Nein, keine Angst, ich halte durch. Alles, was ich noch brauche, ist meine Integrität.

Der Rest ist mit Melissa verschwunden, meiner geliebten Frau.

Auf der Landkarte meines Lebens ist sie jetzt der weiße Fleck, der die Karte vollends bedeckt.

Der winzige Punkt im Zentrum, der geblieben ist und der ich bin, ist kaum zu sehen, und meine Schreie verhallen in dem aufbrandenden Knistern, das durch die Luft schwirrt wie ein Bienenschwarm.

Jeder Orientierungsversuch scheitert aufgrund der fehlenden Gestirne.

Sie hat alles mit sich in den Abgrund gerissen, in den sie gestürzt ist, und ich hatte nicht die geringste Chance, etwas dagegen zu tun. Ich war hilflos, doch wenn ich daran denke, spüre ich rein gar nichts.

Vielleicht wollte ich es nicht verhindern, aber es ist mir eigentlich egal, auch, wenn ich wünschte, anders zu empfinden.

Ich habe es mir nicht ausgesucht und Melissa ebenso wenig.

... aber hatte sie es nicht verdient?

Ich glaube, wir waren um zwei Uhr im Central Park verabredet.

Gegen halb zwei bekam ich einen Anruf. Da war sie schon dreieinhalb Stunden tot.

Ich fuhr mit einem Taxi zum Central Park und noch bevor wir angekommen waren, wusste ich, was passiert war. Der Gedanke drängte sich mir auf. Das Bild eines Batman-Comics. Der Bösewicht hatte dem dunklen Beschützer von Gotham-City eine Falle gestellt. Der Held sprang in den Abgrund. Der Platz, wo er stand, wurde von einem alarmierend auflodernden Wort belagert: *BOooOM!!!* Und wieder hatte ich diesen metallischen Geschmack auf der Zunge.

Krankenwagen fuhren schwankend und hektisch umher. Verzweifelte und überforderte Gesichter blickten im Chaos herum und herab auf die Trümmer der Bombe. In einem Umkreis von zweihundert Metern konnte man Nägel in Autos, Bäumen und Straßenschildern erkennen.

Leblose Körper lagen in Lachen aus geronnenem Blut herum, wie billige Statisten, die dabei waren, die Rolle ihres Lebens zu spielen.

Ich stand mittendrin und war gleichzeitig unendlich weit weg.

Irgendwann bemerkte mich ein Feuerwehrmann. Er legte seine behandschuhte Hand auf meinen Arm und erweckte mich aus meinem Dämmerzustand des Staunens und Entsetzens. Der Hüne sah mich unter seinem Helm hindurch an. Als ich die Streitaxt sah, die er in der rechten Hand hielt, dachte ich im ersten Moment, er wolle sie schwingen und meinen Schädel spalten. Ich dachte, er würde mir direkt in die Seele blicken.

„Geht es Ihnen gut? Sind Sie verletzt? ... Sir?“

„Ich suche meine Frau“, stammelte ich.

Ich wollte diesem Kerl ein Foto von meiner Melissa zeigen, doch er schüttelte nur den Kopf und brüllte inmitten der Sirenen und den Löschgeräuschen etwas wie:

„... nichts zu erkennen ... identifizieren ... Mobile-Main-Office!“

Bei den letzten Worten wies er mit der freien Pranke auf den östlichen Teil des Parks, der weitgehend verbrannt war.

Dort standen Zelte vom Hansom Church Hospital und ein gutes Dutzend Ersthelfer in orangefarbener Montur wirbelte hektisch von Bett zu Bett, während Dutzende Stimmen wehklagten und erstarben. Dunkle Rauchschwaden hingen überall in der Luft, wie verirrte Stratokumuli. Es roch nach Tod, süß und überreif, in der Hitze gegoren.

Blut, das in der Sonne gerann.

Melissa, meine süße Melissa.

Mein Atem ging keuchend und rasselnd, wie bei einem Kettenraucher.

Gerüche vermischten sich zu vollkommen neuen Kreationen. Kunststoff und Haut. Polyester und Fleisch. Geschmolzenes Glas. Benzin. Kot. *HALLELUJAH!*

Schwester Anastasia, vom Orden der heiligen Elisabeth-Kirche, war der Pinguin in meiner inneren Höhle. Sie sagte: „Es tut mir sehr leid, Mr. Cole ... aber ... unvorhersehbar ... Gottes Wege ... nein, sie hat nicht gelitten ... das Feuer ... ihr Gesicht ... ich bitte Sie, Mr. Cole, Sie sollten wirklich nicht ... sterblichen Überreste ... ich bitte Sie, Mr. Cole ...“

Ich erfuhr, dass Melissa auf einer Parkbank im Epizentrum der Explosion gesessen haben muss.

Der Pinguin versuchte mich zu überreden, ich solle davon ablassen ... *es wäre davon abzuraten* ... doch ich konnte nicht anders.

Ich musste ihre Leiche sehen.

Damals wollte ich, glaube ich, Gewissheit haben, dass es wirklich meine süße, kleine Melissa war, die unter dem weißen, rotgefleckten Tuch auf der Bahre lag. Vielleicht dachte ich auch, auf diese Weise Abschied nehmen zu müssen.

Was weiß ich, keine Ahnung. Ich habe es bitter bereut, darauf bestanden zu haben, sie zu sehen. Wenn ich heute an sie denke, lächelt sie nicht. Sie hat nicht einmal mehr einen Mund.

Was die Druckwelle der Denotation von Melissa übrig ließ, war zehn Meter weiter in den Armen eines anderen Mannes verbrannt.

In dem einem Arm. Den anderen hatte es ihm abgerissen. Haha!

Die Explosion war so heftig, dass Melissa wahrscheinlich nicht einmal etwas gespürt hatte, doch seltsamerweise ist dieser Gedanke nicht tröstlich für mich. Einige wenige der insgesamt zweiundzwanzig Opfer des Anschlags, unter denen sich auch viele Kinder befanden, hatte man bis zu einer Stunde lang am Leben erhalten können, bevor sie schließlich ihren Verbrennungen und Verletzungen erlagen.

Eine Stunde kann sehr lang sein. Besonders wenn man zerschmettert und gebrochen auf seinem Sterbebett mit dem letzten Fünkchen Leben ringt. Doch auf einmal denke ich dabei an die vielen *Überstunden*, die Melissa im Büro verbrachte, über *wichtigen Papieren* oder *eiligen Angelegenheiten*, dass mir dabei schwindlig werden könnte. Dann denke ich nämlich automatisch an Mollie.

Mollie Gardner, diese giftspuckende Schlampe, die behauptete, Melissa würde sich seit über einem Jahr mit einem Kerl namens Geoffrey treffen, wenn ich Nachtschicht hatte oder auf einem Seminar war. Angeblich ein feiner Kerl, mit Markenschuhen und Anzug und so. Ein Wall-Street-Yuppie aus gutem Haus.

Irgendwann würde sie mich seinetwegen verlassen, sagte Mollie, als sie Mrs. Keaton wusch und keine Ahnung hatte, dass ich alles mit anhörte.

Ich machte in der Duschkabine gegenüber eine ungenehmigte Pause und verhielt mich still.

Auf der Hut.

Mollie sagte außerdem, ich sei ein Versager und es würde mir recht geschehen, wenn Melissa mit dem feinen Kerl in teure Motels fuhr, um sich bumsen zu lassen.

Ich hab mich beherrschen müssen, ansonsten hätte ich ihr die Zunge herausgerissen!

Der Kerl mit den Gucci-Schuhen und dem abgerissenen Arm hieß Geoffrey Timmons der Dritte und glauben Sie mir, ich wollte kotzen, als ich das erfuhr.

Scheiße!

Als Melissa die Wohnung verließ, sagte sie nichts davon, dass sie in den Park gehen wollte.

Ich fragte sie, ob sie Lust auf Kino hätte, aber sie antwortete, sie wolle ein bisschen allein sein, ein Eis essen, spazieren gehen oder so was.

Natürlich. Sie wollte mich nicht dabei haben.

Es ergibt alles einen Sinn.

Ich glaube, es wäre mir lieber gewesen, ich hätte sie begleiten können und wäre ebenfalls gestorben, als zu erfahren, dass sie sich mit einem anderen Mann getroffen hat.

Aber das war gar nicht möglich, nicht wahr?

Keine Ahnung. Lass mich in Ruhe. Und überhaupt. Nur gehirnamputierte Vollidioten tragen Schuhe von GUCCI!

Es ist zum Wahnsinnigwerden!

Bilder tauchen vor meinem inneren Auge auf.

Eine metallene Box. Eine nackte Digitaluhr, die in der Zeit zurückzureisen scheint.

Drähte schließen Stromkreise und besiegeln Schicksale. Sinnlos.

Während ich hier sitze und in meinem Schweiß gebraten werde wie ein saftiges Hähnchen, kann ich nicht aufhören, an sie zu denken. An ihr Gesicht, wenn sie gelacht hat. An ihr Haar, das in der Sonne leuchtete. An ihre braunen Augen.

Das Gesicht der Person auf der Bahre im Central Park hatte keine Ähnlichkeit mehr mit ihr. Wie fühlt es sich wohl an, wenn man verbrennt? Wenn die Haut Blasen wirft und aufreißt, sich verzehrt bis auf die Knochen? Wie lange kann man klar denken?

Hatte Melissa wirklich nichts gespürt?

Solche und andere Dinge schießen mir durch den Kopf, während ich im Zimmer auf und ab marschiere und schwitze wie ein Schwein in der Wüste. Die Hitze nimmt stetig zu, verdammt. Es fällt mir immer schwerer, mich zu bewegen.

Irgendwer im Haus ruft etwas, aber ich verstehe nichts, weil da dieses Knistern in der Luft liegt, wie das Knistern in der Telefonleitung, wenn ein Sturm aufkommt. Jetzt klopft jemand an meine Tür. Ich habe die Klingel abgestellt, damit man mich in Ruhe lässt. Die Schläge werden stärker, aber ich brauche mir keine Sorgen zu machen, dass die Tür nachgeben könnte. Ich habe den schweren Eichenschrank davor geschoben. Ich will niemanden sehen!

Sie ist tot und sie hat mich betrogen.

Ich habe es überwunden und dazugelernt, aber man kann Gedanken nicht abstreifen wie Kleidungsstücke.

Sie hat es verdient zu sterben.

Sie kleben an einem wie alter Kaugummi.

Sie verdient es noch immer!

Ich habe es nicht gewollt, aber wie gesagt: Es kann immer alles passieren. Melissa erkannte mich nicht. Nicht einmal, als ich mich mit dem falschen Bart direkt neben sie setzte und meine letzte Zigarette rauchte. Die Giraffe blickt zu mir herüber und scheint den Hals zu recken.

Sie brennt noch immer.

Epilog:

Die Feuerwehr barg die Leiche von Adam Cole, der sich in seiner Wohnung verbarrikadiert hatte. Bei dem Feuer, dem das gesamte Gebäude zum Opfer fiel, kam er als einziger ums Leben.

Die Ursache des Brandes war ein defekter Ventilator in der Waschküche.

Zwielicht

Henry Mason ging durch die Straßen seiner Stadt und musterte seine Mitbürger argwöhnisch. Dem geschulten Auge wäre sofort aufgefallen, dass er etwas unter seinem Mantel verbarg, der so gar nicht zu den sommerlichen Temperaturen passen wollte, doch niemand schenkte ihm mehr als einen flüchtigen Blick, was ihm nur recht war.

Mit schlafwandlerischer Sicherheit bahnte er sich einen Weg durch die Parkbesucher, die sich gegenseitig Frisbees und Bälle zuwarfen, wobei er darauf achtete, dass der Lauf seines Gewehrs nicht unter dem Saum seines Mantels hervorlugte.

Es war Sommer. Eine Zeit, in der offenbar alles möglich war.

Die Ferien hatten gerade begonnen und der Park wurde belagert von lachenden und schreienden Kinderhorden.

Paare gingen Hand in Hand spazieren. Drogenkuriere suchten nach willigen Abnehmern für ihre Waren. Taschendiebe verfeinerten ihr Talent und picknickende Eltern prosteten sich mit Sektgläsern und Bierdosen zu und vernachlässigten ihre Aufsichtspflicht, während die Sonne unbarmherzig auf die Stadt und ihre Bewohner hinab schien und mit fast schon chirurgischer Präzision die letzten Erinnerungen an den vergangenen und viel zu kalten Frühling ausbrannte, wie mit einem gigantischen Vergrößerungsglas.

Träume konnten wahr werden in so einer Zeit. Träume von Freiheit, Zusammengehörigkeit und Empathie, die sich in alltäglichen Höflichkeitsfloskeln und belanglosem Geplauder über das Wetter oder ehrgeizigen Plänen für eine rosige Zukunft widerspiegelten. Doch die Stadt träumte nicht nur von guten Dingen.

Sie träumte von Tod, Trauer und der Vernichtung der Unschuld und, manchmal, vom Ende der Welt.

Und auch diese Träume konnten wahr werden.

Niemand sah Henry Masons gehetzten Blick, der nach dunklen Anzeichen in den Gesichtern der Menschen suchte, die seinen Weg kreuzten. Niemand nahm Notiz von ihm, als er den Turm der St. Eve Church erklomm, sein Gewehr in Anschlag brachte und sich aus der Masse der Leiber zu seinen Füßen würdige Ziele auserkor.

Erst als er anfing, um sich zu schießen, und die ersten Schreie des Entsetzens und Schmerzes an ihre Ohren drangen, flohen sie, wie kopflose Hühner, so als hätten sie die Fähigkeit verloren, Gefahr zu wittern.

Und als das Sterben begann, unter der gleißenden und gleichgültigen Sonne eines scheinbar perfekten Sommers, vermischten sich ihre Tränen mit dem Blut ihrer Kinder.

Officer Nicolas Bradshaw gelang der finale Rettungsschuss.

Er traf Henry Mason direkt zwischen die Augen. Ein Blattschuss, der seinem Ruf als Meisterschütze alle Ehre machte.

Seit nunmehr fünf Jahren war er Mitglied des Sondereinsatzkommandos, doch das treffsichere Auge hatte er schon immer gehabt.

In einer anderen Zeit wäre er vielleicht Revolverheld oder Spezialagent geworden, doch in seiner Epoche war er eine Art taktisches Skalpell. Eine Waffe, die man einsetzte, wenn alle anderen Mittel und Strategien versagt hatten.

Um Ehrungen oder Anerkennung war es ihm dabei nie gegangen. Er tat lediglich, was er tun musste, um die Werte zu verteidigen, auf die er einen Eid geschworen hatte. Allerdings mehr aus einer Art selbstverständlichen Pflichtgefühls heraus als aufgrund ehrlicher Überzeugung.

Normalerweise grübelte er nicht lange über Motivationen oder Gründe nach, doch in diesem Fall war die Sache komplexer.

Die Tatsache, dass Mason gezielt auf Vorschulkinder geschossen hatte, machte ihm zu schaffen, was zum Teil daran lag, dass er selbst Vater eines vierjährigen Jungen war.

Die Sinnlosigkeit der Tragödie lastete auf ihm wie die unbarmherzige Sommerhitze.

Er fühlte sich hilflos, denn was er nicht verstand, konnte er weder vorhersehen noch verhindern. Und dieser Umstand machte ihm eine Scheißangst.

„Warum zum Teufel hat er das getan, Chief?“

Detective Timberlake, den alle nur *Chief* nannten, schüttelte den Kopf und zog an seiner Zigarre.

„Wer weiß schon, was in so einem Irren vorgeht?“ Ein freudloses Lachen entfuhr seiner Kehle und er spuckte einen orangefarbenen Brocken auf den Rasen. Eine Angewohnheit, die er gegenüber seiner Frau ebenso hartnäckig verteidigte wie seine über alles geliebten Independence-Zigarren.

„Im einen Moment streicheln sie einen Hund und im nächsten jagen sie eine Kirche in die Luft. Zum Kotzen is‘ das!“

Er hatte die Hände in die Hüften gestemmt und blickte auf die Reste des Blutbades.

Fliegenschwärme surrten durch die flimmernde Luft, die mittlerweile stank wie eine Schlachthausbrise.

Seine verspiegelte Sonnenbrille reflektierte das Grün des Rasens und das leuchtende Rot der ehemals weißen Laken, mit denen man die Körper der Opfer bedeckt hatte.

„Wie viele hat er erwischt, bevor ich …“

„Zwölf. Alles Kinder. Das Älteste war grade mal fünf Jahre alt. Dieses verdammte Dreckschwein! Soll er in der Hölle schmoren!“

Nicolas schirmte das Sonnenlicht mit der flachen Hand ab und blickte sich um.

Er konnte es einfach nicht fassen.

„Wissen wir schon, wer er war?“

„Noch nicht. Aber wir lassen das gerade überprüfen. Von seiner Visage is‘ ja noch genug übrig, um ihn zu identifizieren."

Er drehte sich zu Nicolas um und klopfte ihm anerkennend auf die Schulter. „War übrigens‘n sauberer Schuss. Sie können stolz auf sich sein, Bradshaw."

Nicolas winkte ab. Er fühlte sich müde.

Der Anblick von Leichen machte ihn jedes Mal fertig, sofern es sich nicht um solche Exemplare wie dieses Amok laufende Arschloch handelte. In so einem Fall hatte das Begutachten des Kadavers eher etwas von der Bewunderung für eine Jagdtrophäe.

„Ich hab‘ nur meinen Job gemacht, Chief. Wie immer."

„Nur nich‘ so bescheiden, Bradshaw. Durch Ihr beherztes Eingreifen haben Sie höchstwahrscheinlich Dutzenden von Kindern das Leben gerettet. Der Kerl hatte genug Munition für einen Kleinkrieg dabei. Und er verstand was vom Schießen, dieser Wichser!"

Erneut klopfte er Nicolas auf die Schulter, wandte sich wieder dem Geschehen im Park zu und zog an seiner Zigarre.

Paxton, einer der Gerichtsmediziner, die um die leblosen Körper herumwuselten, kam auf sie zu. Er hielt einen rechteckigen Gegenstand in der Hand.

Als Detective Timberlake ihn antraben sah, spuckte er noch einmal auf den Rasen und sah Paxton an.

„Ich glaube, das dürfte Sie interessieren, Chief“, sagte er und überreichte Detective Timberlake ein Buch.

„Was soll das sein, Mann?“

„Ein ... äh ... ein Tagebuch ... glaub‘ ich.“

„Un‘ was soll ich damit?“

„Der Schütze hatte es bei sich. Ich mein‘ ... vielleicht ist es wichtig.“

Detective Timberlake sah sich um, schüttelte wieder mit dem Kopf und seufzte. „Na, für die sicher nich‘ mehr.“

Er blätterte kurz durch die eng beschriebenen Seiten, seufzte noch einmal und klappte das Buch wieder zu. „Danke, Paxton“, presste er mühsam hervor. „Weitermachen ... und verscheuchen Sie um Himmels Willen diese Gott verdammten Aasgeier“, fügte er mit einem Fingerzeig auf die Reporter hinzu, die sich mit den Fliegen um die besten Plätze in der Nähe der Leichen stritten. „Sonst gibt‘s hier bald noch‘n paar Autopsietouristen!“

Pflichtbewusst schritt Paxton zur Tat.

„Mein Gott“, entfuhr es Detective Timberlake. „Ein Tagebuch! Ist das zu fassen?“

Er zog ein Taschentuch aus seiner Hemdtasche, wischte sich den Schweiß von der Stirn und steckte das Tuch zurück, wo es einen feuchten Abdruck auf seinem Hemd hinterließ.

„Früher“, begann er an Nicolas gewandt, „schien das noch ein guter Job zu sein. Zumindest wusste man, worauf man sich einließ. Da war‘n die Schurken, die ihre eigenen, kaputten

Gründe hatten, für das, was sie taten, und wir haben ihnen die Fresse poliert. So einfach war das. Aber heute ...“

Er seufzte schwer.

„Die Welt geht vor die Hunde, Bradshaw. Die ganze Scheißwelt geht vor die Hunde.“

Er zog eine Augenbraue hoch, blickte nachdenklich auf das Buch in seiner Hand und tat, was er für das Richtige hielt. „Lesen Sie es“, sagte er und reichte Nicolas das Tagebuch des Mörders, den er getötet hatte. „Vielleicht finden Sie ein paar Antworten.“

Officer Nicolas Bradshaw nickte und nahm das Buch an sich, ohne zu ahnen, dass es seine Bibel werden sollte.

Seine Kollegen hatten ihn gefeiert, die Hinterbliebenen der getöteten Kinder hatten ihm gedankt und das Department wollte ihm einen Orden für sein *beherztes und schnelles Eingreifen beim Abwenden einer großen Gefahr für Leib und Leben* verleihen.

Sogar seine Frau schlief wieder mit ihm in einem Bett, was sie nicht mehr getan hatte, seit sie ihm vorwarf, sich mehr für seine Arbeit als für seine Familie zu interessieren.

Und das alles, weil er getötet hatte. Weil er ein Mörder war. Ein Henker, dessen Ausbildung vom Steuerzahler bezahlt, von den gewählten Volksvertretern genehmigt und von pensionierten Kriegsveteranen angeleitet worden war.

Er war der beste Killer, den der Staat jemals auf seine Feinde losgelassen hatte.

Prinzipiell verstand Nicolas den Unterschied zwischen sich und den Mördern, die man auf dem elektrischen Stuhl röstete, in Gaskammern erstickte oder bis an ihr Lebensende in einer winzigen Zelle einkerkerte, doch sein Herz wollte von dieser mathematisch korrekten Erklärung nichts wissen.

Er besaß zwar eine Lizenz zum Töten, so wie dieser britische Martini schlürfende Weiberheld mit den Raketenautos, den Röntgenbrillen und den explodierenden Kaugummis, den sein Sohn Dillon und seine Frau Viktoria so gerne im Kino bewunderten, aber was war eine Lizenz schon anderes als ein Blatt Papier?

Waren es nicht auch unzählige unterzeichnete, notariell beglaubigte und von allerhöchsten Instanzen abgesegnete Schriftstücke gewesen, die fast zur Deportation und Vernichtung eines ganzen Volkes geführt hatten?

Und sagte man nicht auch, dass die Vergangenheit sich gerne wiederholte, wenn man nicht aus ihr lernte?

Machte die Unbedenklichkeitsbescheinigung seiner Vorgesetzten, die ihm praktisch grenzenlose Immunität gewährte, diese nicht ebenfalls zu Mördern, so als hätten sie mit dem Blut derer unterschrieben, die für diese Vereinbarung mit dem Leben bezahlen würden?

Nicolas wusste es nicht.

Je mehr er darüber nachdachte, desto mehr kam er zu der Überzeugung, dass die heile Welt, die zu schützen er einst feierlich geschworen hatte, nicht mehr existierte oder niemals existiert hatte und dass er in einer Welt lebte, die auf Mord und Totschlag aufgebaut war, wie die untergegangene Zivilisation der Maya.

Diese Gedanken behielt er jedoch besser für sich. Seine Frau hätte er damit nur verängstigt.

Seine Kollegen hätten ihn nicht verstanden, denn sie kannten ihn nur als geradlinigen Beamten, als einen Fels in der Brandung, zu dem die Kadetten nur allzu gerne aufsahen. Und die Polizeipsychologen hätten ihm einen Rückfall in das posttraumatische Stresssyndrom attestiert, das er nach diesem einen Jahr in der Hölle hinter sich gelassen zu haben glaubte und das ihn beinahe um den Verstand gebracht hatte.

Damals hatte er diesen Kerl mit der Spielzeugpistole *ausgeschaltet*, wie es im Fachjargon ihrer Einheit genannt wurde, wenn man jemandem mit einem 12mm-Stahlmantelgeschoss den Schädel von den Schultern sprengte.

Zu dieser Zeit waren seine Zweifel an das Gute in sich gewachsen wie ein bösartiges Geschwür, für das es keine Heilung gab.

Dass man ihm keine Vorwürfe machte, hatte nichts an seinen Schuldgefühlen geändert.

Sicher, der Kerl war selbst Schuld.

Wer mit Steinen warf, sollte besser in Deckung gehen, denn es könnten Handgranaten sein, die zurückgeworfen werden.

Doch Nicolas hatte sich nie ganz von diesem folgenschweren Fehler erholt.

All die Jahre hatte er seine Schuldgefühle in sich reifen lassen wie einen guten Wein, der nur auf die passende Gelegenheit wartete, um getrunken zu werden.

Und als seine Selbstzweifel sich erneut in ihm regten, in der wispernden Stille einer schlaflosen Nacht, und ihn aus Viktorias liebevoller Umarmung trieben, schlug er in den flüsternden Schatten ihres Wohnzimmers sein Nachtlager auf und begann, das Tagebuch von Henry Mason zu lesen.

16. April, 2003

Mein Kopf tut weh.

Seit Tagen kann ich nicht schlafen.

Ich höre Dinge in der Nacht im Haus umherschleichen, höre das verstohlene Rascheln von Gewändern und das trügerische Trippeln von Kinderfüßen.

Kann nicht schlafen!

Verdammt!!!

Seit ich dieses Zepter gesehen habe, scheine ich die Welt mit anderen Augen wahrzunehmen, als hätte man einen Schleier entfernt.

Ich sehe das wahre Gesicht der Welt, das hinter der Fassade der Realität lauert, das uralte, falti-

ge und hässliche Pestgesicht einer toten Welt, die sich die Maske des Lebens übergestreift hat und welcher der Gestank der Verwesung anhaftet wie einem vergessenen Massengrab.

Doch ich muss mir sicher sein, dass mich meine Sinne nicht trügen.

Ich muss mir sicher sein!

Ich muss alles aufschreiben, was ich sehe oder zu sehen glaube, um etwas in der Hand zu haben, wenn ich gezwungen sein werde zu handeln.

Ich brauche Beweise, um töten zu können, ohne Zweifel, Reue oder Furcht.

Bei Gott!

Ich hoffe inständig, dass ich mich irre, denn wenn mein schrecklicher Verdacht auch nur durch den kleinsten Beweis untermauert wird, so werde ich gezwungen sein, meinen Sohn zu töten.

Und nach ihm viele andere.

Gott, ich flehe dich an! Steh mir bei in der Stunde der Not.

Steh mir bei!

„Hi Doc. Gibt‘s was Neues?“

Dr. Kilmister hatte gerade eine Autopsie beendet und desinfizierte sich die Hände.

Nicolas nickte Paxton knapp zu, der gerade dabei war, den Torso des Körpers auf dem stählernen Tisch zuzunähen, indem er die Schlüsselbeinenden, den Solar Plexus und den Bauchnabel mit einem großen Y zu einer stümperhaften Narbe verband.

„Wie … was Neues?“

Der Blick des Mediziners schwankte zwischen Skepsis und Gereiztheit.

Nicolas räusperte sich laut und umständlich.

Er kam mit der offensiven, ungeschminkten Art des alten Gerichtsmediziners nicht klar, doch das ging nicht nur ihm so. Unter der Hand war man im Department allgemein der Ansicht, dass der Leiter der Pathologie zu oft mit den Toten und zu wenig mit den Lebenden verkehrte, was sich vor allem daran bemerkbar machte, dass es ihm in manchen Situationen an Geduld und Fingerspitzengefühl für seine noch atmenden Gesprächspartner fehlte.

Man munkelte sogar, dass sich dieser Verkehr nicht immer auf bloße Worte beschränkte.

„Ich meine Mason. Der …“

„… Kinderschreck, schon klar. Was soll‘s da schon Neues geben … außer … ähhm, warten Sie … ach ja. Er ist tot. Aber das sollten Sie ja wissen, nicht wahr? Schließlich haben Sie ihm ja das dritte Auge verpasst.“

Er kicherte trocken, als würde er sich über seine eigene Bemerkung amüsieren.

„Glückwunsch übrigens. Hab‘ von Ihrem Orden gehört. Schick, schick.“

Nicolas schüttelte angewidert den Kopf und suchte nach Worten.

„Kam Ihnen irgendetwas … ungewöhnlich an dem Kerl vor?“

„Darf ich fragen, warum Sie das noch interessiert? Der Fall ist so abgeschlossen, wie er nur sein kann. Die Opfer verscharrt, der Killer im Kühlfach. Finito.“

„Nun … wie soll ich das sagen, Doc? Ich suche nach Antworten.“

Wieder das trockene Kichern, das in dieser Umgebung so fehl am Platz wirkte wie ein Furz auf einer Beerdigung.

„So, so, nach Antworten suchen Sie, ja? Ist es dafür nicht ein bisschen zu spät?“

„Ich weiß es nicht. Es ist nur so … also … mir geht die Sache einfach nicht mehr aus dem Kopf, verstehen Sie?“

Dr. Kilmister blickte ihn erstaunt an.

„Nein, versteh ich nicht. Aber … nur aus Neugierde … auf welche Fragen suchen Sie nach … Antworten?“

Nicolas räusperte sich erneut, was dazu führte, dass er den Gestank nach Formaldehyd und Blut noch tiefer inhalierte. Von diesem Gemisch drehte sich ihm jedes Mal der Magen um.

„Sie haben ihn doch aufgeschnitten.“

„Yepp!“

„Und … kam Ihnen irgendetwas merkwürdig vor?“

„Sie meinen, ob an seiner Physiognomie irgendetwas dran war, das es würdig gewesen wäre, bemerkt zu werden?“

„Äh … ja, so was in der Art.“

„Nö“, lautete Dr. Kilmisters knappe, ehrliche Antwort.

„Er war ein ganz normaler Irrer mit einer Knarre. Keine Tumore, Erbkrankheiten oder hormonellen Auffälligkeiten. Da war nichts, was aus medizinischer Sicht als Erklärung für seine Tat herhalten könnte."

„Mmhh ..."

„Nicht ganz das, was Sie hören wollten?" Dr. Kilmister streifte den blutigen Kittel ab und warf ihn mit einer für Nicolas erschreckend nebensächlichen Bewegung in eine stählerne Tonne. „Er hatte lediglich eine *Iris imperfecta* in fortgeschrittenem Stadium, aber ..."

„Eine ... was?"

Der alte Mediziner leckte sich über die Lippen, als bereite er sich auf einen längeren Vortrag vor, was er wohl auch im Sinn hatte.

„Eine Verkrümmung der Hornhaut, die im Endstadium zur Erblindung führt. Das war schon was Besonderes, aber nichts, das ..."

„Etwas Besonderes? Inwiefern?"

„Nun, diese Erkrankung tritt meist nur bei Tieren auf. Lediglich zwei bis drei Prozent der Menschheit ist durch eine bisher unbekannte phylogenetische Disposition gefährdet, daran zu erkranken. Und ein solcher Fall ist schon seit Ewigkeiten nicht mehr aufgetreten. Aber ich glaube nicht, dass ..."

„... Mason deshalb zum Mörder wurde?"

„Eine Sehschwäche ist ein rein motorisch bedingter Defekt, kein psychologisches Schlüsselerlebnis!"

Nicolas seufzte. Die Selbstgefälligkeit des Mannes ging ihm auf die Nerven.

„Sie sagten, dass diese Hornhautverkrümmung normalerweise nur bei Tieren auftritt?“

„Korrekt!“

„Bei welchen Tieren?“

„Nun … das kann man nicht eindeutig eingrenzen, aber … ich würde sagen … auch wenn es in Anbetracht der gegebenen Umstände etwas kurios anmuten mag …“

„Doc. Die Kurzfassung. Bitte!“

Verärgert über die Unterbrechung seines Redeflusses versteifte Dr. Kilmister sich merklich.

„Also … so weit der Wissenschaft bekannt ist, handelt es sich in siebenundneunzig Prozent der Fälle, in denen diese Krankheit bei Tieren beobachtet wurde … was natürlich nicht heißen soll, dass …“

„Doc“, unterbrach ihn Nicolas barsch. „Die extrem kurze Fassung, bitte! Welche Tiere?“

„Raubkatzen.“

Nicolas stutzte. Damit hatte er nicht gerechnet.

„Gibt es dafür eine rationale Erklärung?“

„Nun …“, begann Dr. Kilmister und leckte sich erneut über die Lippen. „Diesbezüglich gibt es mehrere Theorien, aber die meiner Meinung nach glaubwürdigste von allen … ähm … sie stammt übrigens von Professor Doktor Hubertus Tollkühn, dem Leiter einer Universitätsklinik in Frankfurt … ähm … seine Theorie besagt, dass Raubtiere, insbesondere Leoparden, Panther, Luchse, Löwen und Pumas, durch die kontrollierte Ausschüttung eines Schilddrüsenhormons namens Thyroxin, dazu in der Lage sind, das Muskelgewebe ihrer Augen zu stimulieren, um so ihre Augen aus ihren Höhlen zu quetschen. Dadurch erhöht sich, nach Tollkühns Theorie, der Radius ihres Sehfeldes signifikant, was ihnen wiederum bei der Jagd zum Vorteil gereicht. Die Verkrümmung der Hornhaut wäre demnach eine bloße Abnutzungserscheinung dieses Phänomens."

Nicolas, der sich während des Vortrags des Gerichtsmediziners eifrig Notizen gemacht hatte, steckte seine Aufzeichnungen weg und nickte.

„Danke, Doc."

„Es war mir ein Vergnügen." Sein knurrender Tonfall strafte seine Worte Lügen.

Nicolas deutete zu Paxton gewandt die legere Variante eines militärischen Saluts an, bevor er sich aufmachte, das Kellergewölbe zu verlassen, dessen Luft getränkt war mit einer hoch konzentrierten Kombination aus Sterilität und Verwesung, schien es sich auf der Schwelle jedoch anders zu überlegen.

„Eine Frage noch."

Dr. Kilmister legte seine Stirn in Falten und blickte Nicolas gereizt an. „Ja, bitte … Inspector Columbo?"

„Sie sagten, dass diese … Hornhautgeschichte …", er wedelte mit der Hand in der Luft herum, als wolle er seine laxe Ausdrucksweise entschuldigen, „… schon seit Ewigkeiten nicht mehr aufgetreten ist."

„Korrekt."

„Wann in etwa das letzte Mal?"

Dr. Kilmister atmete tief ein und dachte nach, wobei er auf Nicolas den Eindruck machte, dies aufgrund seiner an Selbstverherrlichung grenzenden Arroganz schon seit einer ganzen Weile nicht mehr nötig gehabt zu haben.

„Nun ... so weit ich weiß, war das in etwa zu der Zeit, als der Oberste Gerichtshof die Rassentrennung in öffentlichen Verkehrsmitteln für verfassungswidrig erklärte. 1956 ... wenn ich mich genau entsinne. Warum fragen Sie?"

„1956? Gab es da nicht diesen Amoklauf in Tennessee? Diese ... Sache an der Grundschule?"

„Ich kann mich auch irren, was das genaue Jahr angeht, aber ..."

Doch Nicolas wartete nicht darauf, dass der alte Mediziner seinen Satz beendete, und verließ mit entschlossenen Schritten die Pathologie.

20. April, 2003

Kann wieder schlafen, doch zu welchem Preis?

In meinen Träumen verzerrt sich die Welt zu einer schmatzenden Schlangengrube, in der sich unzählige Körper winden, sich gegenseitig verschlingen und miteinander verschmelzen.

Ich sehe weite Ebenen, deren Flüsse und Meere sich rot färben vom Blut des Schlachtviehs und in denen die Unschuld pervertiert und zu etwas Unsäglichem heranreift, das in den Seelen der Men-

schen Wurzeln schlägt, wie giftige Pflanzen in verdorbener Erde.

In diesen Träumen sitze ich zur Rechten eines gesichtslosen Meisters, dem ich ganz und gar untertan bin und der sowohl über das Leben wie den Tod gebietet, mit einer blinden Wut und völlig unkontrollierbaren Raserei, die der eines Racheengels gleichkommt.

Hätte ich nur niemals dieses verfluchte Inkazepter gesehen!

In diesen finsteren Träumen halte ich es in meinen Händen, das Zepter des Gottes der Unterwelt, dessen Hohepriester mir mit donnernder Stimme Befehle erteilt, denen sich meine zerrissene Seele nicht zu verschließen vermag.

Er fordert Blut.

Er sucht einen Henker.

„Gott der Unterwelt, sagen Sie?"

„Ja, Ma'am. Irgendwas in der Mythologie der Inka."

Madame Szolnoki, die Bibliotheksangestellte, betrachtete Nicolas misstrauisch von oben bis unten. Wahrscheinlich hielt sie ihn für so etwas wie einen Satanisten.

„Es geht um laufende polizeiliche Ermittlungen."

Lässig klappte er seine Marke auf und nachdem Madame Szolnoki sie zu ihrer Zufriedenheit begutachtet und als echt anerkannt hatte, schien sie sich merklich zu entspannen.

„Versuchen Sie es mit dem Sammelband: Untergegangene Kulturen.“

Daraufhin wies sie in Richtung eines der Regale auf der anderen Seite des Raumes und ergänzte, als sie Nicolas‘ fragenden Blick bemerkte: „ Historisches. Regal fünf. Reihe sieben. Das zweite Buch von rechts.“

Er fand das Buch auf Anhieb, doch die entsprechende Stelle musste Madame Szolnoki ihm förmlich in die Augen reiben, nachdem er fast eine halbe Stunde vergebens in dem Mammutschinken geblättert und nach Schlagwörtern Ausschau gehalten hatte.

„Mochica“, las sie ihm mit dozierender Stimme vor, wobei sie mehrmals ihre randlose Lesebrille zurechtrückte, „war der Gott der Unterwelt im Reich der Inka. Er wird auf dem Zepter, das sein Hohepriester trägt und stets an seinen Henker weitergibt, der es wiederum als Vollstreckungsinstrument für die rituellen Opferungen benutzt, als Chimäre oder Dämon dargestellt. Seine Gesichtszüge sind eine Mischung aus Mensch und Raubkatze.“

Nicolas, der Madame Szolnokis Ausführungen seinen Aufzeichnungen hinzufügte, wurde bei jedem ihrer Worte nachdenklicher.

„Steht da was von Kindern? Ich meine ... wurden Kinder geopfert?“

„Moment ...“

Madame Szolnoki rückte ihre Brille zurecht und las den in winzigen Lettern abgedruckten Text mit einer erstaunlichen Geschwindigkeit quer. Ihre Stirn lag in tiefen Falten, doch dann hellte sich ihre Miene auf und sie markierte eine bestimmte Textpassage mit dem Zeigefinger.

„Oh ja. Hier steht es. Der Mochica forderte das Leben der Neugeborenen in der Blüte eines jeden Sommers, der auf eine Sonnenfinsternis folgte, um die kommende Ernte zu garantieren. Als Gott der Unterwelt gebot er über alle Dinge und Lebewesen, die in der Erde wurzelten. Um seine uneingeschränkte Gunst zu erlangen und seinem alles vernichtenden Zorn, sowohl in der diesseitigen als auch in der jenseitigen Welt zu entgehen, begrub man die Kinder bei lebendigem Leib, woraufhin der Mochica in seiner göttlichen und grenzenlosen Weisheit und Güte die Wasserquellen der Inka speiste.“

26. April, 2003

Ich habe heute den Teufel in Menschengestalt gesehen. Er kleidete sich mit dem Gesicht meines Kindes.

Ja, es ist wahr.

Ich musste meinen eigenen Sohn töten.

Aus den Augenwinkeln heraus habe ich die dämonische Fratze hinter der kindlichen Unschuld gesehen.

Ich habe das uralte Böse entlarvt, das sich hinter der Maske der Lieblichkeit eingenistet hat wie ein unsterblicher Parasit.

Schon seit Jahrhunderten täuschen sie uns, unterwandern systematisch unsere Gesellschaft, bis sie in der Überzahl sind und uns endgültig vom Angesicht dieses Planeten tilgen können, so wie Noahs Sintflut über die Erde kam und alles Leben hinfort spülte, gespeist aus den Quellen der Unterwelt, über die ER allein gebietet.

Ich darf keine Zeit mehr verlieren.

Ich muss handeln.

„Es ist wirklich ganz erstaunlich, dass man ihnen gestattet hat, das Exponat zu begutachten."

„Es geht um laufende polizeiliche ..."

„Ja", unterbrach ihn Herr Böhm, der Kurator des städtischen Naturkundemuseums. „Das ist mir schon bewusst, aber trotzdem ist dieses spezielle Artefakt für gewöhnlich unter Verschluss. Wir nennen es unser dunkles Geheimnis, welches unter keinen Umständen ans Licht gebracht werden darf. Sie wissen schon. Wegen des Fluches."

Herr Böhm blickte Nicolas mit hochgezogenen Brauen an und schien eine entsprechende Reaktion zu erwarten.

Nicolas zuckte nur die Schultern. Er war mittlerweile an einem Punkt in seinen Ermittlungen angelangt, an dem er die Interaktion mit seinen Mitmenschen nicht mehr nur als störend, sondern als regelrecht lästig empfand.

„Ich weiß nichts von einem Fluch. Und ich glaube auch nicht an derlei Dinge."

Herr Böhms Blick bekam erneut etwas Verschwörerisches, als er sich zu Nicolas beugte und ihm zuraunte: „Es spielt keine Rolle, was Sie glauben. Ein Fluch ist keine Religion, sondern eine Naturgewalt. Einem Tornado ist auch gleichgültig, ob Sie sich vor ihm fürchten oder nicht. Wenn Sie sich in seinem Weg befinden, wird er Sie verschlingen. Und was sie bis dato glaubten oder nicht glaubten, wird dann keine Rolle mehr spielen."

„Bitte", brachte Nicolas noch heraus. „Zeigen Sie es mir einfach."

Herr Böhms Gesichtszüge entspannten sich, doch diese Geste wirkte nicht beruhigend, sondern hatte etwas Hoffnungsloses an sich.

„Wie Sie wollen, Officer. Wie Sie wollen."

Er führte Nicolas in einen Raum, der einem Tresor ähnelte.

Die Wände waren aus Stahl und es war eisig kalt im Inneren. Von der Hitze des Sommers, der draußen herrschte, war hier nicht das Geringste zu spüren.

Mit einem winzigen silbernen Schlüssel entriegelte Herr Böhm ein Schließfach, entnahm ihm einen metallenen Kasten, wuchtete ihn auf den Tisch in der Mitte des Raumes und atmete tief ein.

„Und Sie sind wirklich sicher, dass Sie das tun wollen?"

Nicolas seufzte. „Ich denke, ab hier komme ich alleine klar." Und auf deutsch setzte er noch hinzu: „Vielen Dank. Auf Wiedersehen."

Resigniert verließ Herr Böhm das Gewölbe und Nicolas war alleine mit dem Ding, das man in diesem Kasten begraben hatte.

Vorsichtig öffnete er das stählerne Schließfach und erblickte das in rotem Samt eingebettete Zepter, das vor über zweitausend Jahren dazu benutzt wurde, um dem Gott der Unterwelt Menschenopfer darzubringen.

Officer Nicolas Bradshaw ging ziellos durch die Straßen seiner Stadt. Er suchte nach dunklen Anzeichen in den Gesichtern der Menschen, die seinen Weg kreuzten, doch alles, was er sah, war eine hell erleuchtete Welt in der Blüte des Sommers, die erfüllt war vom Lachen der Kinder, die im Park und auf den Rasenflächen herumtollten und ihre Ferien in vollen Zügen genossen.

Zwar waren ihre Mütter und Väter misstrauischer und vorsichtiger geworden nach Masons Amoklauf, doch das Leben ging nun einmal weiter. Es pulsierte wild und ungestüm und ließ sich nicht so einfach in stickige Kinderzimmer sperren oder durch Hausarreste verbieten.

Schließlich musste es ja irgendwie irgendwann auf irgendeine Art und Weise weitergehen.

Nicolas hatte keine Kraft mehr, den Motiven eines offensichtlich Wahnsinnigen nachzuspüren. Alles, was er erfahren hatte, war die Tatsache, dass Henry Mason von der Unumgänglichkeit seiner Tat überzeugt gewesen war.

Er hatte daran geglaubt, das Richtige zu tun.

Und war es nicht das, worauf es im Endeffekt ankam?

War das nicht das Lebensziel eines jeden, aufrichtig an Gott glaubenden Menschen? Das zu tun, was man für das Richtige hielt?

Müde und erschöpft blickte Nicolas sich um und ließ seinen Blick durch die kreischenden

Horden lachender Kinder streifen, die sich gegenseitig Frisbees und Bälle zuwarfen.

Er wollte gerade gehen, als ihm ein Junge auffiel, der ihn zu beobachten schien.

Das Kind starrte ihn mit einer für sein Alter untypischen Beharrlichkeit an und lächelte zu ihm herüber, doch irgendetwas an dem Lächeln des Jungen entfachte in Nicolas eine unbekannte und abgrundtiefe Furcht, die ihn frösteln ließ, obwohl er dieses Gefühl nicht hätte in Worte fassen können. Dieses Lächeln schien in keinster Weise zu dem Gesicht eines Kindes zu passen, sondern wirkte auf Nicolas wie das hastig aufgemalte Grinsen einer verzerrten Clownsmaske.

Was ihn jedoch regelrecht verstörte, war der starre, eiserne Blick des Jungen, der die Distanz zwischen ihnen mühelos überbrückte und in dem sich ein Wissen spiegelte, das von bösen Geheimnissen und längst vergessenen Wahrheiten zeugte.

Kopfschüttelnd riss er sich von dem Blick und dem unheimlichen Grinsen des Jungen los, stand auf und wandte sich zum Gehen, doch dann blieb er wie vom Blitz getroffen stehen und erstarrte.

Hatte er es sich eingebildet, oder war das Gesicht des Jungen für den Bruchteil einer Sekunde etwas anderem gewichen?

Einen flüchtigen Moment lang, als er sich abgewandt hatte, musste ein Schatten das Gesicht des Kindes gestreift haben, denn Nicolas hatte aus dem Augenwinkel heraus an dessen Stelle einen grinsenden, eingefallenen Totenschädel auf seinen Schultern gesehen, über den sich graue, faltige Haut spannte.

Die Illusion währte nur kurz und war einfach zu absurd, um ...

... uns zu täuschen und zu unterwandern, bis sie in der Überzahl sind.

Wütend und erschrocken über sich selbst und seine von seinen Nachforschungen angeheizte Fantasie schüttelte Nicolas den Kopf und das furchtbare Trugbild verschwand augenblicklich, wie eine sich verflüchtigende Fata Morgana.

Sein Kopf schmerzte von der Hitze und sein Hals war so trocken, wie ein ausgedörrtes Flussbett. Er dachte an den stechenden Schmerz hinter seiner Stirn, der ihn beim Anblick des Zepters erfasst hatte. Es war wie ein Stromschlag gewesen. Ein visueller Schock, der sein Innerstes erschüttert hatte, begleitet von der Vision einer leer gefegten Welt, deren Ebenen gepflastert waren von den blanken Gebeinen ungezählter Zeitalter. Wüsten, gemacht aus Knochenstaub, in die Erde gepresst durch die Rotation eines verlassenen, ausgestorbenen Planeten.

Zu Hause, so sagte er sich, warteten eine heiße Dusche, ein kühles Bier, die Umarmung seiner Frau und das Lachen seines Sohnes auf ihn.

Betäubt von den Tranquilizern, die Viktoria seit einiger Zeit nahm, würde er schlafen können. Und morgen, so schwor er sich, würde er

Henry Masons Tagebuch vernichten und diesen schrecklichen Alptraum hinter sich lassen, so als ob nichts davon jemals geschehen wäre.

Etwas hatte ihn getrieben. Ein Gefühl, genährt durch den Anblick der Rasensprenkler auf dem englischen Rasen des Parks.

Etwas, das sich zu einem düsteren Bild vervollständigte. Ein Schatten, der den Tod brachte und stärker war als Stein.

Wellen wurden zu Wirbeln, zerborsten, türmten sich auf, stießen Sauerstoff in die Tiefen.

Die Maschinen des Wasserwerks liefen auf Hochtouren und Nicolas fühlte sich, als befände er sich im Inneren eines gigantischen Uhrwerks im Zentrum der Welt.

„Jo ... und denn wird der Krempel einfach abgepumpt, un...“

„Schon gut. Ich denke, ich kann mir ein Bild davon machen, was Sie hier tun, Mister ...“

„Blomquist. Adam Blomquist. Mach jetze seit fast zwanzig Jahren in Wiederaufbereitung und das Klärwerk is‘ so ziemlich das modernste diesseits des Äquatorialarchipels. Außerdem ...“

„Ja, das ... Sie erwähnten das bereits, aber ...“ sagte Nicolas“, ... Sie sagten doch auch, dass von hier aus quasi die ganze Stadt mit Trinkwasser versorgt wird, oder habe ich da was falsch verstanden?“

Blomquist rückte seine Hornbrille zurecht und zuckte die Achseln.

„Doch … schon … so in etwa. Wir sind hier sozusagen direkt an der Quelle.“

02.Juli, 2003

Mason hatte Recht, doch er kannte nur die halbe Wahrheit.

Das Wasser ist der Schlüssel!

Das Wasser, das wir trinken, das uns nährt und am Leben erhält, vergiftet die Seelen unserer Kinder, denn es entspringt den verfluchten, unterirdischen Quellen, die durch die unzähligen Gräber der geopferten Neugeborenen fließen.

Ich habe meinen Sohn im Schlaf beobachtet und für einen kurzen Moment das uralte Böse in seinen Zügen erkannt, das sich in unseren Kindern eingenistet hat, um Rache zu nehmen im Namen des einzig wahren Gottes.

Mochica.

Das verfluchte Wasser ist der Schlüssel!

Diesen Kreislauf kann man nicht stoppen, aber das, was ihm entspringt, was sich von ihm nährt und durch seine finstere Macht heranreift.

Ich bin gezwungen, zu handeln, so wie Mason gezwungen war, zu handeln.

Um diese Welt vor dem Untergang zu bewahren, muss ich diese abscheulichen Kreaturen finden und zurück in die Hölle schicken, aus der sie gekommen sind.

Ich bin ein Killer, doch nun habe ich mein Schicksal gefunden.

Niemand sah Nicolas Bradshaws gehetzten Blick und kaum jemand nahm Notiz von ihm, als er den Turm der St. Eve Church erklomm, sein Gewehr in Anschlag brachte und sich aus der Masse der Leiber zu seinen Füßen würdige Ziele auserkor.

Im Gegensatz zu Mason verschoss er vier Magazine, bevor seine Kollegen ihn *ausschalteten*, und erneut machte er seinem Ruf als Meisterschütze alle Ehre.

Das Tagebuch, das er während seines Amoklaufes bei sich hatte, landete in der Asservatenkammer.

Detective Timberlake konnte es nicht fassen.

Er dachte daran, wie er sich mit Nicolas unterhalten hatte, vor einer Ewigkeit, wie es ihm schien.

„Die Welt geht vor die Hunde", hatte er damals gesagt. *„Die ganze Scheißwelt geht vor die Hunde."*

Er hatte sich niemals älter gefühlt als in dem Moment, in dem er sah, wie Paxton den Reißverschluss des Leichensacks schloss, in dem die Überreste des Mannes zu verwesen begannen, der einmal sein bester Scharfschütze gewesen war.

Er konnte es einfach nicht fassen.

Aus einem inneren Impuls heraus, das Richtige tun zu wollen, nahm er das Tagebuch mit nach Hause, in der Hoffnung, ihm ein paar Antworten auf die Fragen entlocken zu können, die ihm nun den Schlaf raubten.

Zuerst blätterte er nur durch die eng beschriebenen Seiten, doch dann konnte er gar nicht mehr aufhören zu lesen.

Das Zimmer unter dem Dach

Es ist mittlerweile über fünfzig Jahre her, seit ich zum letzten Mal das Haus meiner Großmutter betreten habe, doch es vergeht kein Tag, keine Stunde und keine Minute, ohne dass ich an das Zimmer unter dem Dach denke und an das, was damals in eben jenem Zimmer geschehen ist.

Nach wie vor sehe ich mich außer Stande eine rationale Erklärung für die furchtbaren Ereignisse zu liefern, deren unfreiwilliger Zeuge ich wurde.

Sehen Sie diese Aufzeichnungen also als den Bericht eines vom Alter getrübten und verwirrten Geistes an, wenn Sie dies beruhigen sollte. Oder als die verrückte Geschichte eines Menschen, der seinen Sinnen nicht trauen kann. Doch tun Sie das, was ich Ihnen offenbare, nicht als plumpe Lüge ab.

Es könnte gefährlicher sein, als Sie ahnen.

Jetzt und hier, am Ende meines Weges, frage ich mich, wie um alles in der Welt meine Großeltern in diesem Haus hatten verweilen können, wo sie doch Kenntnis gehabt haben mussten von seinen dunklen Geheimnissen und den unsäglichen Gräueln, die sich in seinen Winkeln verkrochen haben.

Doch ich glaube, dass man sich mit der Zeit mit allem arrangieren kann, nur um seine Wurzeln nicht zu verleugnen.

Sogar mit der Hölle, wenn es sein muss.

Man findet immer wieder gute und rechtschaffene Gründe um weiter zu machen, um auszuharren, so wie ein Alkoholiker immer wieder plausible Gründe findet, um zu trinken.

Und wenn man lange genug in einem Stadium der Rechtfertigung gelebt hat, beginnt man, erst widerstrebend, doch nach und nach mit immer mehr Hingabe, diesen Gründen Glauben zu schenken.

Denn nichts erscheint einem so nachvollziehbar und wahr wie eine Lüge, mit der man zu leben gelernt hat.

Ich glaube fest daran, dass es Dinge auf dieser Welt gibt, die niemals sterben und die ungesehen in den Schatten die Zeit überdauern. Dinge, die weder vergessen noch verzeihen und deren maßlose Gier nach Leben nicht einmal der Tod selbst zu stillen vermag.

Gott weiß, ich wünsche mir nichts sehnlicher, als das namenlose Grauen von damals lediglich der überschwänglichen Fantasie eines dummen Jungen zuschreiben zu können, doch dem ist nicht so.

In meinem Besitz befinden sich über jeden Zweifel erhabene Beweise, die sich durch nichts widerlegen lassen und die gerade durch ihre erschreckende Banalität auf brutale Art und Weise real sind, denn sie sind buchstäblich greifbar.

Und deshalb spielt es für mich nicht die geringste Rolle, ob Sie meinen Ausführungen Glauben schenken oder nicht, denn ich weiß mit unumstößlicher Gewissheit, dass mein Verstand mich nicht trog, als ich Zeuge der Hölle auf Erden wurde.

Damals.

In dieser eisigen Dezembernacht.

In der Dachstube meiner Großmutter.

Ich war neun Jahre alt, als meine Eltern bei einem Autounfall ums Leben kamen.

Meine Großmutter holte mich aus dem Ferienlager ab, das ich zu dieser Zeit besuchte, und ich weiß noch, dass sie auf mich niemals älter gewirkt hatte als an jenem Tag, als sie mich mit Tränen in den Augen in ihre Arme schloss und so fest an sich drückte, dass der Geruch nach Mottenkugeln, den ihre Kleidung stets verströmte, mir die Sinne zu rauben drohte.

Mein Großvater sagte während der scheinbar endlos langen Fahrt auf dem Weg in mein neues Zuhause kein einziges Wort. Ich erinnere mich daran, dass ich Angst hatte, irgendetwas falsch gemacht zu haben, doch heute weiß ich, dass sein Schweigen nicht von Zorn oder Wut zeugte, sondern von abgrundtiefer Trauer, und dass er verzweifelt mit sich rang, um nicht vor meinen Augen in Tränen auszubrechen.

Erst als wir unser Ziel erreicht hatten und ich das Haus der flüsternden Schatten betrat, in dem ich so oft in meiner frühesten Kindheit Verstecken gespielt hatte und das fortan meine neue Heimat sein sollte, erzählten sie mir, was mit meinen Eltern geschehen war.

Sie versuchten mit allerlei Umschreibungen die Tatsache zu beschönigen und so für mich ertragbar zu machen, dass ich meine Mutter und meinen Vater nie mehr wiedersehen würde.

Großmutter sagte, meine Eltern wären in den Himmel gekommen. Sie wären nun Engel und der Herrgott würde von nun an auf sie Acht geben. Doch nach der tristen Beerdigung, der nur der Priester, meine Großeltern und ich beiwohnten, konnte ich nicht länger an diese Erklärung glauben.

Alles, was ich vor Augen hatte, waren die schlampig zusammengezimmerten Holzkisten, in denen die sterblichen Überreste meiner Mutter und meines Vaters verwesen würden und die man feierlich in dieser Ekel erregenden Grube versenkt hatte, an diesem dunklen, verregneten Oktobernachmittag, an dem selbst der dräuende Himmel über uns zu weinen schien.

Noch heute kann ich die Erde riechen, mit der man die Ruhestätte meiner Eltern zugeschaufelt hatte.

Und ich weiß auch noch, dass ich mich fragte, wie sie um Gottes Willen nach oben in den Himmel gekommen sein sollten, wo man sie doch tief in der Erde verscharrt hatte.

Unten, wo die Würmer leben und der Teufel sein Reich hat.

Obwohl meine Großeltern sehr unter dem Verlust ihrer einzigen Tochter gelitten haben mussten, bemühten sie sich nach all ihnen zu Gebote stehenden Kräften, ihre schier grenzenlose

Trauer vor mir zu verbergen, was ihnen in vielerlei Hinsicht auch gelang.

Ich glaube, wir halfen uns gegenseitig dabei, unseren Überlebenswillen zu bewahren, obgleich es mir aus heutiger Sicht so scheint, als ob sie mich mehr brauchten als ich sie.

Denn obwohl meine Großeltern nach außen hin alles nur Erdenkliche auf sich nahmen, um meine Eltern für mich zu ersetzen und für mich da zu sein, wann immer ich Halt und Trost benötigte, werde ich fortan das Gefühl nicht mehr los, dass ihre Fürsorge nicht alleine mir galt, sondern ebenso sehr darauf ausgelegt war, mich zu einem Ersatz für ihre geliebte Tochter zu machen, die sie an den Schnitter verloren hatten.

Ich kann es ihnen nicht verdenken.

Nach all den Jahren der Entbehrung und Hoffnung, die sie in ihr einziges Kind investiert hatten, standen sie nun, an der Schwelle ihres Lebens, vor einem bodenlosen Abgrund, den ich nunmehr ausfüllen sollte.

Es ist daher nicht verwunderlich, dass sie sich an meiner Gegenwart festklammerten und mir die im Normalfall selbstverständlichsten Erfahrung im Umgang mit anderen Kindern meines Alters verwehrten, was mir nach einer Weile völlig normal erschien und ich eher für den Beweis ihrer innigen Liebe für mich hielt als für die nackte Angst vor der Einsamkeit, die es in Wahrheit widerspiegelte.

Das Haus meiner Jugend war, damals wie heute, ein Monument des Verfalls, in welchem die

Schatten einander jagten und dessen Zimmer so gut wie nie das Licht der Sonne erblickten, was meine ohnehin schon melancholische Gemütsart nur noch verstärkte.

Die Möbel waren wurmstichig und die uralten Bodendielen knarrten bei jedem Wetterumschwung, sodass es fast so klang, als würden unsichtbare Füße über sie hinweg schreiten.

Unmengen von Staub fingen sich in den Spinnenweben, die überall in den Zimmerecken hingen. Die abgestandene Luft roch immer leicht nach feuchter Erde und es war stets in eine Art von Zwielicht getaucht, das man beinahe greifen zu können glaubte.

Es war augenscheinlich kein sehr geeigneter Ort für ein Kind. Kein Ort der Lebensfreude oder des Lachens, sondern vielmehr ein dunkler, vor sich hin vegetierender Ort, an dem das Alter und das unaufhaltsame Dahinsiechen der Zeit allgegenwärtig waren wie die Stille eines Friedhofs um Mitternacht, lediglich unterbrochen von leise vor sich hin tickenden Uhren, monoton tropfenden Wasserhähnen und dem gespenstischen Kreischen rostiger Türangeln.

Ich erinnere mich daran, dass ich oft durch die Räume und Flure streifte und mir dabei vorstellte, ich wäre ein großer Entdecker und würde, im Zuge einer von aller Welt beachteten Expedition, ein uraltes und bislang unentdecktes Labyrinth einer der Menschheit fremden Welt erforschen.

Ich liebte dieses Spiel über alles.

Es war, neben den Unterrichtsstunden im Arbeitszimmer meines Großvaters, der ein pensionierter Professor war und eine sehr gute Allgemeinbildung sein Eigen nennen konnte, mein liebster Zeitvertreib.

Als ich älter wurde und mein Wissensdurst ins Unermessliche wuchs, erschloss ich unter der kompetenten Anweisung meines Großvaters seine mehr als umfangreiche Bibliothek, in welcher ich mich in Bereichen weiterbilden konnte, die einem Kind meines zarten Alters für gewöhnlich verschlossen blieben.

Meine Großeltern entbanden mich auf eigene Verantwortung hin von der Schulpflicht, sodass ich in einer immer kleineren Welt zu existieren begann. In einem sich um sich selbst drehenden Kosmos, der sämtliche Reize und Impulse der Außenwelt ignorierte.

Man kann sich zweifelsohne vorstellen, wie diese soziale Isolation auf mich wirkte oder wozu sie zwangsläufig im Laufe der Zeit wurde.

Ich war oftmals sehr einsam. Doch seltsamerweise war ich mir dessen nicht bewusst.

Ich glaube, mit der Zeit gewöhnt man sich an jede Art von Finsternis, unterteilt sie irgendwann nur noch in Spektren aus grau, anthrazit und schwarz und vergisst, dass es jemals etwas gegeben hat, das Licht und Wärme in die Welt gebracht hat.

Durch das introvertierte Leben meiner Großeltern, die anscheinend weder Freunde noch Bekannte hatten und auch nicht den Wunsch hegten, am hektischen Leben der damaligen Gesellschaft teilzuhaben, vergaß ich das Bedürfnis nach der Nähe Gleichaltriger oder den Wunsch nach Spielgefährten oder Freunden, so, als wäre dies lediglich etwas, das nur den Helden und Protagonisten der Abenteuerbücher widerfuhr, die ich in rauen Mengen verschlang.

In Ermangelung der Erfahrungen, die ich außerhalb meiner heimatlichen Mauern hätte machen können, erträumte und erbaute ich mir eine eigene Welt aus den Schatten und Winkeln des Hauses meiner Großeltern.

Ein erlebnisreiches Universum, welches ich erschuf, formte und nährte, einzig und allein durch die Schaffenskraft meiner unzähmbaren Fantasie und Kreativität. Eine Welt, in welcher es nur so wimmelte von Zwergen, Faunen, Trollen, Feen, Geistern und allerlei merkwürdigen Fabelwesen, mit denen ich flüsternd unter der Bettdecke Geheimnisse austauschte und die mir dabei halfen, blind zu werden für die Einsamkeit, die mich auf Schritt und Tritt verfolgte und die ich beharrlich und erfolgreich verleugnete.

Ich vergrub meine desolaten Gedanken in den Mythen und Erzählungen, die ich in den Büchern meines Großvaters fand und die mich am Leben erhielten und mir meinen Verstand bewahrten.

In diesen Büchern gab es Götter, die babylonische Schlachten austrugen, die über das Schicksal von Epochen entschieden.

Sterbliche Helden, die allen Gefahren zum Trotz siegreich waren im Kampf gegen das Böse, versunkene Zivilisationen, deren Spuren noch heute das Gesicht der Welt zieren, und Furcht erregende Monstren, die in den tiefsten Winkeln der Welt hausen und ausharren, bis ihre Zeit gekommen ist.

Ein Band, eine umfangreiche Dämonologie aus dem vierzehnten Jahrhundert, weckte meine Neugier besonders. Unzählige Stellen waren dort markiert. Die Seiten strotzten nur so vor Eselsohren und Lesezeichen.

Es schien augenscheinlich ungewöhnlich oft von meinem Großvater zur Hand genommen worden zu sein, obwohl er sich normalerweise nur mit wissenschaftlichen Abhandlungen auseinandersetzte und das magische Reich der Fantasie mied, als fürchtete er sich davor, sich in ihm verirren zu können. Dieses Buch war ein wahres Sammelsurium griechischer Helden, Götter und Dämonen, doch jede von meinem Großvater markierte Passage oder Textstelle, die ich las, handelte von einer sagenumwobenen Gestalt, die den Namen *Gaia* trug.

Gaia, so hieß es, war das griechische Wort für *Erde*. Und *Gaia* selbst war die Mutter Erde, aus deren Schoß alles Leben hervorgeht und nach dem Tode wieder dorthin zurückkehrt.

Sie steht für die Urprinzipien von Chaos und Ordnung und wird als grauenvolle, verschlingende Allgegenwärtigkeit bezeichnet, vor der sogar die Götter in Ehrfurcht erschauern.

Diese Sagen und Mythen faszinierten mich und inspirierten mich dazu, mein eigenes Universum durch eben diese Mythen und Legenden zu erweitern und zu beleben.

In diesem Universum, meinem Refugium, gab es nur die Grenzen, die ich ihm auferlegte und die meine Großmutter in Sorge um meinen Geisteszustand zu ziehen für nötig erachtete.

Sie ließ mich gewähren, wenn ich durch ihren verwilderten Garten tobte, in dem scheinbar nichts wuchs außer Dornengestrüpp, Holunder, Giftefeu und Sumpfkresse, und mir dabei ein ums andere Mal vorkam wie ein heroischer Entdecker, der furchtlos durch die lockenden Korridore geheimnisumwitterter Ruinen wanderte, sagenumwobene Geheimnisse enthüllte und die letzten Rätsel der Menschheit entschlüsselte.

Niemals sagte sie mir, ich solle mich leise verhalten oder langsam gehen, anstatt mit lauten, weit ausholenden Schritten durch die Hausflure zu poltern, wie ich es so gerne tat.

Doch in einem Punkt war meine Großmutter unnachgiebig: Sie verbot mir strikt, die Dachstube zu betreten.

Sie behauptete, dies sei kein geeigneter Ort für ein Kind und es gäbe dort nur zerbrochene Spiegel, an denen ich mich schneiden würde, und lose Dachschindeln, die auf mich herabfallen könnten.

Was sie offenbar nicht ahnte, war die Tatsache, dass ihr striktes Verbot das Zimmer unter dem Dach erst interessant für mich machte.

Es übte einen geradezu unwiderstehlichen Reiz auf mich aus, gerade *weil* es verboten war.

Ich erinnere mich noch sehr gut daran, wie wild mein Herz pochte, als ich in jener eiskalten Dezembernacht die Treppe zum Dachboden erklomm, während meine Großeltern in ihrer Kammer schliefen. Ganz langsam und behutsam stieg ich die knarrenden Stufen hinauf und mit jedem zitternden Schritt nach oben gelangte ich tiefer hinein in das dunkle Herz des Hauses meiner Großeltern.

Ich stand Todesängste aus, während ich weiterging, doch ich musste einfach wissen, was jenseits der verbotenen Tür meiner Entdeckung harrte. Ich musste einfach das einzige für mich geltende Tabu brechen und diese fremden Grenzen meiner Welt einreißen, um an dem Käfig der Isolation zu rütteln, den das Schicksal für mich geschmiedet hatte.

Ich weiß noch, dass der Wind um das Haus heulte und den eisigen Schnee vor sich her trieb, sodass es fast so klang, als würde sich ein riesiges Ungetüm stöhnend und ächzend auf das Dach legen und es niederdrücken.

Ich weiß auch noch, dass es so kalt war, dass ich meinen Atem sehen konnte, der stoßweise in weißen Kondenswolken entwich und sich mit dem Staub der Dekaden vermählte, doch trotz der Kälte schwitzte ich.

Der feuchte, urbane Geruch nach Erde, der mich so sehr an das Begräbnis meiner geliebten Eltern erinnerte, die ich insgeheim so sehr vermisste, obwohl ich mir dies nicht einmal vor mir selbst eingestand, wurde immer intensiver. Und je näher ich der verbotenen Tür zur Dachstube kam, desto stärker wurde das verwirrende Gefühl, hinabzusteigen in die Tiefe, wo die Würmer leben, fressen und sterben und der Teufel sein Reich hat.

Zitternd und innerlich bebend vor Angst, stand ich minutenlang regungslos auf der obersten Stufe und legte behutsam mein Ohr an die Tür, so, als könnten die Geräusche aus dem Inneren des Raumes Zeugnis davon ablegen, was mich erwarten würde, sollte ich das verbotene Zimmer wahrhaftig betreten.

Mein eigener Herzschlag kam mir mit einem Mal so laut vor, dass ich fürchtete, meine Großeltern könnten durch den Lärm aufwachen und mich ertappen.

Ich erinnere mich an das raschelnde Geräusch der Ratten, die in den Wänden umherwuselten, an die dröhnenden Schläge der nahe gelegenen Kirchenglocke, welche die mitternächtliche Stunde verkündete, und an die kalte, unbarmherzige und tödliche Stimme des Winters, die in schier wahnsinnigen Kakophonien um das Haus fegte und mit jedem verstreichenden Augenblick wütender zu klingen schien. Und gerade, als ich meine Hand auf die Klinke legte und die Tür öffnen wollte, hörte ich ein mir seltsam vertrautes Geräusch, das ich jedoch nicht zuordnen konnte und das im Heulen des Windes fast unterging, wie ein Seufzer in einem Schneesturm.

Ein helles, schneidendes und glasklares Wispern, das durch das Toben des Dezemberwindes an mein Ohr drang und sich mit Nerven zerfetzender Regelmäßigkeit wiederholte.

Meine Furcht vor dem namenlosen Unbekannten jenseits der Tür erreichte Schwindel erregende Ausmaße, doch ich konnte und wollte nicht umkehren, ohne zumindest einen flüchtigen Blick in den verbotenen Raum geworfen zu haben.

Die Beharrlichkeit, mit der meine Großmutter mir das Betreten der Dachstube verboten hatte, insbesondere ihre Aussage, die Dachstube sei kein geeigneter Ort für Kinder, hatte mich gekränkt und tief in meinem Stolz verletzt. Was immer es auch kosten mochte: Ich musste einfach sehen, was hinter der Tür lag, musste herausfinden, was dieses seltsame Geräusch zu bedeuten hatte. Und sei es nur deshalb, um mir zu beweisen, dass ich immer noch der mutige, unerschrockene Entdecker war, für den ich mich seit meinem Einzug in dieses Haus der lebenden Schatten so gerne hielt.

Also atmete ich tief durch, öffnete langsam die Tür zur Dachstube und blickte in die wabernde Finsternis, die dahinter auf der Lauer lag.

Es dauerte einen Moment, doch dann gewöhnten sich meine Augen langsam an die Dunkelheit und ich konnte Formen und Umrisse inmitten der Schwärze erkennen.

Strukturen wurden sichtbar, so, als würden die Schatten ihr Innerstes preisgeben, unter meinem forschenden Blick.

Ängstlich und im wahrsten Sinne des Wortes atemlos, machte ich einen zaghaften Schritt in den Raum hinein, doch wie bei meinem Aufstieg, der den Eindruck in mir geweckt hatte, hinab in die Tiefe zu steigen, hatte ich beim Betreten der Dachstube meiner Großmutter das Gefühl, in eine bodenlose Grube zu stürzen.

Ich weiß noch, dass ich den Schnee an den Fenstern vorbei wehen sah und dass er abstrakte Formen auf die Fensterwangen malte, die mich merkwürdigerweise an die vielen Spinnenweben erinnerten, die überall im Haus in den Ecken der Zimmer hingen.

Mit verstaubten, ehemals weißen Laken verhängte Möbelstücke standen überall herum, neben nie geöffneten oder seit Ewigkeiten verstauten Kartons, an die sich wohl niemand mehr erinnerte. Der Staub auf dem Boden war zentimeterdick und ich hinterließ tiefe Spuren in ihm, als ich den Raum durchquerte und versuchte, mich in diesem Labyrinth der toten Erinnerungen zurechtzufinden.

Das fahle Licht des Vollmondes, der das Zimmer schwach erhellte, fiel durch das Fenster und ließ den am Fenster vorbeiwehenden Schnee aussehen wie einen Schwarm zorniger und heulender Insekten, die rasend vor Hunger und Wut durch die Nachtluft jagten.

Ich erinnere mich noch daran, dass die spürbare Last der Dekaden, die dieses Haus gesehen hatte, allgegenwärtig war und mich mit tiefster Trauer erfüllte. Die Dunkelheit fraß sich in meine Seele hinein und wohnt seither in ihr. Und obwohl ich seitdem von Alpträumen geplagt werde, die mir in der Seele weh tun, empfinde ich dieses Gefühl auf irgendeine Art und Weise als erleichternd, so als hätte sich ein monumentaler Kreis geschlossen, der mich meiner Bestimmung näher bringt, als es jede irdische Erkenntnis jemals hätte tun können.

Der Geruch nach Erde, der im ganzen Haus wahrnehmbar war, wurde mit einem Mal erdrückend intensiv und schien sich irgendwie durch die Schatten des Raumes zu bewegen.

Ich weiß noch, dass ich das Gefühl hatte, beobachtet zu werden.

Dieses Gefühl war so stark, dass ich zitternd in der Mitte des Dachbodens stehen blieb und versuchte, im Lärm des Wintersturmes, der draußen tobte, in die trügerische Stille hinein zu horchen und sie auszuloten, wie ein U-Boot, das versuchte, die Tiefe abzuschätzen, in der es sich befand.

Dann erblickte ich mit einem Mal ein Gesicht auf der anderen Seite des Raumes, mit dessen Proportionen irgendetwas nicht zu stimmen schien und dessen Anblick mich erstarren ließ. Es hatte humanoide Züge und sah dennoch auf eine eigentümliche Weise fremdartig aus.

Eine groteske Fratze, die mich mit weit aufgerissenem Maul und glasigen Augen anstarrte.

Ich war davon überzeugt, auf der Stelle vor Angst sterben zu müssen. Doch dann begriff ich, dass ich in die Überreste eines Spiegels blickte und das merkwürdige Gesicht, das mich mit offenem Mund anstarrte, mein eigenes war, verzerrt durch die zerfetzte Reflexion der Bruchkanten des Spiegels.

Erleichtert seufzte ich auf und ging hinüber zu diesem Ding und berührte mit zittrigen Fingern die Oberfläche des Spiegels, strich erleichtert an den Rissen entlang, als ich in den Spiegelscherben eine schemenhafte Bewegung hinter mir wahrzunehmen glaubte.

Der merkwürdige Geruch drang erneut in meine Nase und dieses Mal gelang es mir nicht, die seit Dekaden vor sich hinfaulenden Möbel unter den verstaubten Tüchern dafür verantwortlich zu machen. Dieses Mal hatte ich die Gewissheit, nicht alleine zu sein.

Etwas war hier und schlich verstohlen durch die Schatten. Und dieses Etwas roch wie ein Grab, in dem sich die Würmer wanden und am Fleisch der Verstorbenen labten.

Das merkwürdige Geräusch, das ich vor der Tür gehört hatte, wurde lauter, doch noch immer konnte ich es nicht einordnen.

Wenn ich heute darüber nachdenke, kann es auch sein, dass der Sturmwind nachließ und ich das keuchende Geräusch aus diesem Grund besser hören konnte, doch im Grunde spielt es keine Rolle, was ich weiß oder zu wissen glaube. Entscheidend sind für mich einzig und allein die Dinge, an die ich mich unzweifelhaft erinnern kann und die mich seitdem in meinen Träumen heimsuchen.

Das Keuchen wurde immer lauter und mit Grauen wurde realisierte ich, dass es nun direkt über mir war. Zitternd und mit einem Schrei auf den Lippen blickte ich nach oben und was ich dort sah, wurde zum Inbegriff der Hölle und des Grauens in meinem eigenen, fantastischen Universum.

Ich sah ein pechschwarzes, halb verwestes, klobiges Ding mit einer unmöglichen Anzahl nicht eindeutig identifizierbarer Gliedmaßen, das am Dachstuhl hing und sich langsam auf mich zubewegte wie eine riesige Spinne, die sich an ihrem Faden in die Tiefe gleiten lässt.

Unzählige Augen starrten mich aus dem Zentrum des Wesens an, mit einer widerlichen Gier, die mich schier erstarren ließ.

Mein Herz schlug so schnell, dass es in meiner Brust zu brennen schien.

Wie hypnotisiert sah ich hinauf zu der Kreatur, die mir mittlerweile so nahe war, dass ich den fleischigen Klumpen ihres Körpers genauer erkennen konnte.

Ich sah hervorstehende Rippenknochen an den Seiten und lange, nach mir tastende Klauen, die sich öffneten und schlossen, als würden sie blind in der Finsternis nach mir suchen.

Münder, Lippen und Wangenknochen verschmolzen zu einer die Anatomie dominierenden Fressfront, deren sich stetig öffnender und schließender Schlund an die reißzahnbewehrten Mäuler von Tiefseefischen erinnerte.

Das spinnenähnliche Etwas keuchte unentwegt und sein giftiger Atem, der nach Erde, Fäulnis und Verwesung stank, schlug mir entgegen und drohte mir die Sinne zu rauben.

Mit einem schmatzenden Geräusch öffnete sich ein gewaltiges Maul inmitten der blinden, glasigen Augen des Dings, um mich im Ganzen zu verschlingen.

Die Angst brachte mich schier um den Verstand und ich war unfähig, auch nur einen einzigen Muskel zu bewegen. Erst als sich eine der blind tastenden und suchenden Klauen in meine Schulter krallte und versuchte, mich in den hungrigen Rachen des Monstrums zu zerren, erwachte ich aus meiner Trance und fing an zu schreien und um mich zu schlagen.

Ich weiß noch, dass ich eine der Klauen zu fassen bekam und dass sie sich anfühlte wie der morsche, abgestorbene Ast eines toten Baumes.

Ich weiß auch noch, dass ich mich irgendwie befreien konnte aus der Umklammerung der Bestie und dass ich panisch aus dem Zimmer lief, so schnell meine zitternden Beine es mir gestatteten. Auch an den Sturz kann ich mich noch erinnern, als ich bei meiner Flucht die Stufen verfehlte und die Treppe hinunter fiel.

Dann nichts mehr.

Ich erwachte mit dem Geruch von Zimt in der Nase. Meine Großmutter würzte ihren Tee stets mit Zimt und daraus schloss ich intuitiv, dass ich mich in Sicherheit befinden musste.

Meine Großeltern erzählten mir, dass ich schlafgewandelt sein musste. Aus irgendeinem Grund, so sagten sie mir, muss ich auf der Treppe zur Dachstube ausgerutscht oder über meine Füße gestolpert sein, während ich träumte. Ich hatte mir ein Bein gebrochen und eine stattliche Beule zierte meine Stirn. Drei endlose Monate lang musste ich das Bett hüten, und als der Gips entfernt worden war, gaben meine Großeltern mich in die Obhut eines weit entfernten Internats, wo ich fortan lebte.

Sie starben ein halbes Jahr später, an Einsamkeit, wie ich vermute.

Großvater erlag einem Schlaganfall und Großmutter erlitt einen Herzinfarkt. Dies erzählte man mir zumindest, nachdem man sie in der Erde des Friedhofs begraben hatte, in der man auch meine Eltern zur Ruhe gebettet hatte, aber ich glaube, dass das Ding, das unter dem Dach haust, etwas mit ihrem Tod zu tun hatte.

Das alles ist jetzt schon so lange her, dass es schon fast nicht mehr wahr zu sein scheint. Doch manche Narben verschwinden nie, sondern werden mit der Zeit nur deutlicher und hinterlassen tiefe Spuren in der Seele, die einen dazu verlocken, ihnen zu folgen.

Spuren, die sich nicht verleugnen lassen und die allgegenwärtig sind, wohin man auch geht.

Als ich aus der Dachstube meiner Großmutter geflohen war, habe ich etwas mitgenommen, ohne es zu bemerken. Es handelt sich dabei um ein unscheinbares und kleines metallenes Ding, das ich einer der Klauenhände entrissen haben muss. Instinktiv habe ich es vor meinen Großeltern versteckt, ohne mir dessen bewusst zu sein oder zu wissen, warum.

Ich glaube ich ahnte, dass sie es mir wegnehmen würden. All die Jahre habe ich es aufbewahrt und gehütet, wie einen dunklen Schatz, für den ich Zeit meines Lebens mit meinem Seelenfrieden bezahle. Jetzt und hier, am Ende meiner Reise, halte ich diesen Gegenstand in der Hand und fühle seine stählerne Kälte.

Es ist der Ring, den mein Vater meiner Mutter gekauft hat, als er um ihre Hand anhielt.

Sie trug ihn, seit ich auf der Welt bin.

Und sie nahm ihn mit in ihr Grab.

Und nun träume ich fast jede Nacht von diesen glasigen, blinden Augen, die nach mir suchen und um mich weinen, weil uns das Leben trennt.

Gott weiß, ich fürchte mich davor, den Weg, der mir vorherbestimmt zu sein scheint, zu Ende zu gehen. Doch ich fühle das Gewicht und die Finsternis einsamer, entwurzelter Jahre, die kommen werden.

Ich ahne die Einsamkeit, die auf mich wartet, und fürchte sie mehr als den Tod.

Ich weiß, dass ich mein Schicksal selbst in die Hand nehmen kann, dass ich der Erschaffer meiner eigenen Welt bin und es an mir liegt, zu entscheiden, ob ich in den Schoß meines Ursprungs zurückkehre oder einsam und unbeweint sterbe und der Vergessenheit anheim falle.

Alles, was ich tun muss, ist, in die Tiefe zu steigen, wo die Würmer leben und der Teufel sein Reich hat.

Die Treppe hinauf und hinab, in das Zimmer unter dem Dach.

Gladiatoren

McGee drückte noch einmal auf den Klingelknopf und sah sich gehetzt um. Hinter der Tür konnte er das Geräusch einer Messingglocke hören. Sonst nichts.

Er verfluchte sich und seine Sucht, die ihn in diese Situation gebracht hatte. Dabei hatte er es kommen sehen. Er hatte es verdammt noch mal kommen sehen und hatte trotzdem nichts dagegen tun können.

McGee war ein notorischer Spieler.

Black Jack, Roulette, Poker und all die anderen Dämonen, die Las Vegas bevölkerten, hatten ihm im Laufe der Jahre alles genommen, was er je besessen hatte. Unzählige Male hatte er ihnen abgeschworen, doch der Gott der Spieler ließ sich nicht so einfach verleugnen oder exorzieren. Jeder, der einmal seine Kirche betreten und seinen Predigten gelauscht hatte, zahlte irgendwann mit seiner Seele dafür.

McGee hatte Schulden gemacht, als er nichts mehr besessen hatte, was er als Einsatz für seine Sucht hätte verpfänden können. Schulden, die den Lohn eines Lebens überstiegen.

Sein Schuldner Cavanough wusste das.

Er hatte McGee deshalb ein Angebot gemacht: entweder würde er sterben, auf eine Art und Weise, die man in Mafiakreisen als *höchst unschön* bezeichnete, oder er nutzte seine letzte Chance, seine Schulden auf einen Schlag loszuwerden, und spielte ein Spiel.

Er hatte keine Ahnung, was für ein Spiel das sein sollte, aber er hatte schließlich nichts zu verlieren. Außerdem hatte er eine Heidenangst vor Cavanoughs Schlägern, die Dinge mit seinen Kniescheiben anstellen würden, die er sich in seinen schlimmsten Alpträumen nicht ausmalen wollte.

Und jetzt war er hier, in Land‘s End, dem dreckigsten und verruchtesten Teil von Las Vegas, vor der Tür des Hauses in der Brick Street, um das Spiel zu spielen.

Er war so nervös wie noch nie zuvor in seinem Leben, und er sehnte sich nach einer Zigarette, doch auf irgendeine perverse Art genoss er das Gefühl. Es fühlte sich an, als würde er der rollenden Kugel auf einem Roulettetisch zusehen, nachdem die Einsätze angenommen worden waren und er nur noch warten konnte, ob er gewinnen oder verlieren würde. Dass der heutige Einsatz sein Leben war, steigerte dieses Gefühl sogar noch. Seine Euphorie und Hoffnung balancierte mit seiner Todesangst.

Die scheppernden Klänge der Messingglocke verhallten im Innern des Gebäudes und gerade, als McGee noch einmal auf den Klingelknopf drücken wollte, konnte er hinter der Tür das Geräusch sich nähernder Schritte hören, dumpf und Unheil verkündend.

Eine Kette wurde entfernt, ein Schlüssel im Schloss gedreht, und dann öffnete sich die Tür einen Spalt, der gerade breit genug war für einen Kopf.

„Ach“, sagte die Visage im Türspalt ausdruckslos und musterte McGee abfällig von oben bis unten. „Sie haben sich also doch noch entschlossen vorbeizuschauen.“

Die Tür wurde geöffnet und McGee sah einen streng wirkenden Mann im Smoking, der eine schwarze Fliege trug und dessen Mittelscheitel glänzte wie ein Ölteppich.

„Wie schön.“

Daraufhin brachte der Mann, der zweifellos Cavanoughs Butler war, so etwas wie ein Lächeln zustande, eine zähnebleckende Variante eines Grinsens, auf die sogar ein Hai stolz gewesen wäre.

„Treten Sie ein“, sagte der Hai im Smoking und forderte McGee mit einer Geste auf, hereinzukommen. „Die Herren erwarten Sie bereits sehnsüchtig.“

McGee nickte und betrat das Haus.

„Hat das Spiel schon begonnen?“

„Oh nein. Wir können doch nicht ohne Sie anfangen. Schließlich sind Sie in diesem Spiel die ... wie soll ich sagen ... Hauptperson.“

Der Hai verschloss und verriegelte die Tür sorgfältig. Seine Bewegungen waren dabei so routiniert, dass McGee annahm, dass er diese Handgriffe schon unzählige Male ausgeführt hatte.

„Wenn Sie mir nun bitte folgen würden, Mr. McGee.“

Sie gingen durch verstaubte Flure, dunkle Korridore und schäbig wirkende Zimmer, von deren

Wänden sich die Tapete schälte und die nach Schimmel und Urin rochen. Dieses Haus war keine Residenz, sondern eine Arena, die allen Anscheins nach nur für das ominöse Spiel genutzt wurde.

Nach einer Weile betraten sie einen hell erleuchteten Raum, der größer war als die Zimmer, durch die sie bisher gegangen waren, und in dem sich eine Schar von gut gekleideten Männern befand, die den Eindruck erweckten, als kämen sie von einem Staatsbankett.

Ein paar von ihnen erkannte McGee als Politiker, Schauspieler oder stadtbekannte Prominente. Andere hatten das versnobte Auftreten erfolgreicher Bankiers oder Anwälte. Die so genannte *High-Society* hatte sich in dieser Bruchbude versammelt. McGee war lange genug ein Lehrling seiner Sucht gewesen, um zu verstehen, dass die feinen Herren dieses Spiel mit ihrem Geld finanzierten. Sie würden auf den Sieger setzen und den Verlierer begraben.

„Mr. McGee!“ Cavanough schritt durch die Menge auf ihn zu und reichte ihm grinsend die Hand. „Ich hatte Zweifel, ob Sie noch kommen würden.“

„Hatte ich eine Wahl?“, entfuhr es McGee, der sich sofort wünschte, er hätte geschwiegen.

Cavanoughs Grinsen gefror für einen Moment, doch dann strahlte er wieder über das ganze Gesicht, blickte McGee fest in die Augen und legte ihm einen Arm um die Schulter.

„Man hat immer eine Wahl, Mr. McGee“, sagte Cavanough und führte ihn durch den Raum. „Es kommt nur darauf an, die Konsequenzen seiner Entscheidungen tragen zu können.“

McGee gab sich geschlagen. Er war ohnehin nicht gekommen, um zu verhandeln. In seiner Lage waren Diskussionen aussichtslos. Alles, was er jetzt noch tun konnte, um seine Haut zu retten, war zu beten und zu spielen.

Er nickte, wie unterwürfige Hunde es tun würden, wenn sie dem Alphatier begegneten, woraufhin Cavanough mit dem Finger schnippte. Der Hai im Smoking trat vor, überreichte Cavanough einen ledernen Handkoffer und zog sich leise zurück.

Bewegung kam in die Menge. Sie stob auseinander und gab den Blick frei auf die Mitte des Raumes. Dort saß ein Mann mit einem zerzausten Haarkranz an einem runden Tisch, starrte vor sich hin und hyperventilierte. Die Adern an seiner Stirn traten deutlich hervor und seine fetten Pausbacken waren stark gerötet. Ihm gegenüber stand ein weiterer Stuhl.

Cavanough forderte McGee mit einer Geste auf, Platz zu nehmen, und mit zittrigen Knien setzte er sich. Sein Herausforderer, den er jetzt näher in Augenschein nehmen konnte, schien vor Angst erstarrt zu sein. Sein Blick flackerte unentwegt und es sah so aus, als würde er jeden Moment anfangen zu weinen. Zweifellos hatte Cavanough ihn ebenfalls in der Hand.

„Nun, da alle anwesend sind, können wir mit dem Spiel beginnen“, sagte Cavanough feierlich, woraufhin die betuchten Zuschauer applaudierten. Cavanough nickte gönnerhaft und machte eine Geste mit den Händen, die Demut heuchelte. Die Laudatio verstummte. Gespielt vorsichtig legte Cavanough den Handkoffer auf den Tisch, strich fast zärtlich über das Leder und ließ die Scharniere aufschnappen.

„Die Regeln des Spiels“, wandte er sich an McGee und dessen Kontrahenten, „sind denkbar simpel.“

Er öffnete den Koffer, entnahm ihm einen verchromten Gegenstand und hielt ihn in die Luft.

„Wer zuerst tot ist, hat verloren.“

Gelächter erschallte im Raum, als hätte Cavanough einen guten Witz gerissen, doch McGee war nicht im Mindesten nach lachen zumute, als er erkannte, dass der verchromte Gegenstand in Cavanoughs Hand ein Revolver war. Fassungslos blickte er sich um, doch eine Flucht war aussichtslos. Die Türen waren verschlossen, die Fenster verriegelt und die grinsenden Fratzen der Upperclass gierten nach dem Blut, für das sie bezahlt hatten.

Es gab kein Zurück!

„Kopf oder Zahl, Mr. McGee?“

Wie in Trance antwortete er irgendetwas. Am Rande nahm er wahr, dass Cavanough eine Münze in die Luft warf, sie auffing und auf die Tischplatte knallte. Langsam hob er die Hand.

Jetzt begann auch McGee zu schwitzen.

„Zahl“, rief Cavanough euphorisch und klopfte McGees Kontrahent auf die Schulter.

„Mr. Liam wird das heutige Spiel eröffnen!“

Die Menge applaudierte wild.

Das ist ein Traum, dachte McGee zusammenhangslos. *Es muss einfach ein Traum sein.*

Doch als er seinem Kontrahenten ins Gesicht blickte und das nackte Entsetzen in ihm sah, wusste er es besser. Dieses Spiel war so real, wie es nur sein konnte.

Wer zuerst stirbt, hat verloren!

Cavanough nahm den Koffer vom Tisch und gab ihm irgendjemandem. Dann öffnete er die Trommel des Revolvers, überprüfte ihren Inhalt und schwenkte die Waffe durch die Menge, damit sie jeder sehen und sich vom ordnungsgemäßen Ablauf des Spiels überzeugen konnte.

„Sechs Kammern, eine Kugel, meine Herren.“

Er schloss die Trommel wieder und drehte sie mit einer raschen Handbewegung, bis sie klickend einrastete.

„Bitte, Mr. Liam. Eröffnen Sie das Spiel.“

Als er Liam die Handfeuerwaffe reichte, traten Cavanoughs Leibwächter vor und präsentierten den beiden Spielern die automatischen Pistolen, die sie trugen. McGee hatte nicht den leisesten Zweifel, dass sie im Kugelhagel sterben würden, sollten sie es wagen, mit dem Revolver auf jemanden zu zielen, der nicht an dem Spiel teilnahm.

Mit zitternden Händen ergriff Liam die Waffe.

Er blickte sie fast ungläubig an, als würde er sich fragen, wie sie in seine Hand gelangt war.

Dann schloss er die Augen.

Eine Träne lief an seiner Wange herunter und tropfte auf die Tischplatte. Langsam hob er den Revolver, drückte den Lauf an seine Schläfe und atmete tief ein.

Im Raum war es totenstill. Auch McGee hatte den Atem angehalten. Der Moment zog sich, als wäre das Gefüge der Zeit in Unordnung geraten. Doch dann öffnete Liam die Augen, blickte McGee entschlossen an und drückte ab.

Ein Klicken ertönte, hohl und blechern, als der Schlagbolzen ins Leere schlug.

Die Menge applaudierte wieder und McGee kam der irre Gedanke, dass sich so die Gladiatoren im alten Rom gefühlt haben mussten, die sich unter dem Gejohle und Gelächter der Zuschauer gegenseitig abschlachteten.

Liam blickte McGee immer noch durchdringend an. Er legte den Revolver mit einer trotzigen Bewegung auf den Tisch und schob ihn von sich weg. Auffordernd nickte er McGee zu.

McGee hatte sich immer noch der wahnwitzigen Hoffnung hingegeben, sich in einem Traum zu befinden, doch das kühle Gewicht der Waffe in seiner Hand machte die Illusion vollends zunichte.

Er dachte an Hämmer, Zangen, Brecheisen und Kniescheiben. Dann nahm er seinen ganzen Mut zusammen, drückte den Lauf an seine Schläfe und legte den Zeigefinger auf den Abzug.

Wieder hielt die Menge den Atem an, geiferte förmlich in Vorfreude auf das zu erwartende Blutbad.

McGee drückte ab.

Das leere Klicken löste die Spannung im Raum, der wieder erfüllt war von Applaus und ermunternden Pfiffen. Die feinen Herren schienen sich prächtig zu amüsieren.

Ich bin in Rom, schoss es McGee durch den Kopf. *Ich bin in Rom und bete, dass der Daumen nach oben und nicht nach unten zeigt!*

Liams Gesicht war eine verzerrte Fratze, in der sich Panik und Wut spiegelten. Er schien es McGee persönlich übel zu nehmen, dass er noch im Spiel war.

Energisch schnappte er sich den Revolver und starrte McGee grimmig an. Er setzte die Waffe an, blinzelte nervös und betätigte den Abzug.

Der Knall war ohrenbetäubend.

Als hätte Liam eine Handgranate verschluckt, verschwand seine rechte Gesichtshälfte in einem Schwall aus Blut, zerfetzten Muskelsträngen, Fleisch und Knochenstücken. Der Revolver entglitt seiner Hand und fiel polternd zu Boden.

Langsam, fast schwerelos, sackte Liams Körper in sich zusammen, kippte nach vorne und verteilte einen Teil seines Gehirns auf der Tischplatte. Die Menge erwachte wieder zum Leben, als Liam seines aushauchte, und applaudierte lauter und wilder als zuvor.

McGee wurde schlecht. Die Euphorie, die er beim Betreten des Hauses verspürt hatte, war purem Grauen gewichen.

Irgendjemand packte ihn beim Handgelenk und zog seine Hand in die Höhe.

„Meine Herren“, rief Cavanough begeistert, „wir haben einen Sieger!“

Seine Stimme war schrill vor Verzückung. Das Zimmer schien zu schrumpfen, als die applaudierende Menge wieder zusammenrückte, um McGee auf die Schulter zu klopfen. Jeder schien ihn berühren zu wollen. Sie beglückwünschten ihn sogar, als hätte er etwas Heroisches vollbracht. Jemand half McGee beim Aufstehen und wie aus weiter Ferne drang der Lärm ihres Jubels an seine Ohren, als sie seinen Namen riefen, wieder und wieder.

„Das haben Sie hervorragend gemacht, Mr. McGee“, sagte Cavanough, während er seine Hand schüttelte. „Ich wusste, dass ich auf Sie zählen kann.“

„Meine Schulden ...“

„... sind getilgt. Restlos. Und als Dankeschön für die exquisite Unterhaltung, die sie mir und meinen Freunden beschert haben, habe ich Mortimer angewiesen, Sie würdig für ihre Unannehmlichkeiten zu entlohnen. Leben Sie wohl, Mr. McGee.“

Mortimer, der Hai, trat vor, forderte McGee abermals auf, ihm zu folgen, und führte ihn den Weg zurück, den sie gekommen waren. Vor der Haustür überreichte er McGee einen Umschlag.

„Ich muss wohl nicht erwähnen", begann der Hai in scharfem Ton, „dass Sie in Ihrem ureigensten Interesse über die Ereignisse, deren Zeuge Sie heute Abend wurden, Stillschweigen zu bewahren haben."

McGee blickte auf den Umschlag in seiner Hand und erwiderte Mortimers Blick.

„Nein", sagte er geistesabwesend. „Müssen Sie nicht. Aber das haben Sie gerade, nicht wahr?"

Der Hai bleckte die Zähne und verschwand hinter der Tür.

Der Inhalt des Umschlags bestand aus 20.000 US-Dollar und einer Visitenkarte, die McGee aufhob, obwohl er nicht wusste, warum.

Es dauerte ganze drei Tage, um das Geld wieder zu verspielen, bei dem Versuch, es zu vervielfachen. McGees Dämonen waren hungrig und der Gott seiner Sucht wollte gefüttert werden. Er dachte an das euphorische Gefühl, das ihn durchflutet hatte, an diesem Abend in Land's End, vor der Tür des Hauses in der Brick Street.

„Man hat immer eine Wahl", hatte Cavanough gesagt. *„Es kommt nur darauf an, die Konsequenzen seiner Entscheidungen tragen zu können."*

Und während er noch über Cavanoughs Worte nachdachte, nahm er die Visitenkarte aus dem Umschlag, wählte eine Telefonnummer und kehrte zurück nach Rom.

80 %

„Hang my head, drown my fear,
till you all just disappear."

Soundgarden

Auf die eine oder andere Weise wird es enden, hier und heute.

Nach langem Ringen mit mir selbst habe ich mich dazu entschlossen, den Schlussstrich zu ziehen, denn ich habe das Ende gesehen.

Das Ende der Kette vieler miteinander verwobener Missverständnisse und Gewissheiten, die mich stetig nach unten gezerrt hat, in die Tiefe, aus welcher es kein Entrinnen gibt.

Merkwürdig, dass gerade diese Kette mich seit je her fasziniert und zum Nachsinnen angeregt hat, obgleich sie die zerstörerischste Untiefe menschlichen Ermessens ist, chronisch um sich greifend wie eine unheilbare Krankheit, deutlich spürbar, jedoch gleichzeitig unfassbar und folglich zwingend existent, wie die Seele eines jeden vergebens hoffenden Menschen.

Doch ich schweife ab.

Es ist nicht meine Absicht, mich in unbedeutende Details zu verlieren.

„Was hältst du von Melanie?"

„Mhhh", meinte er schmunzelnd und ließ den Namen durch seine grauen Zellen wandern. „Klingt nicht schlecht."

„Klingt nicht schlecht?“, rief sie empört belustigt. „Das klingt verdammt nochmal großartig!“

„Keine Kraftausdrücke, Prinzessin. Und außerdem haben wir doch noch Zeit, mehr als genug.“ Er streichelte ihre Stirn, spielte mit ihrem Pony und küsste sie. Dann streichelte er ihren immer größer werdenden, fast schon absurd runden Bauch.

„Ja, aber wer weiß, was morgen ist?“

Er nahm sie in den Arm, küsste ihren Hals und ihre Sorgen verblassten zu Schemen, deren Umrisse sie nicht mehr erfassen konnte.

„Morgen ist nur ein weiterer Tag vom Rest unseres Lebens.“

„Kommen Sie nicht näher. Ich schwöre bei Gott, ich werde springen. Ich meine es ernst!“

„Ich bleibe hier stehen, Okay? Ich will nur mit Ihnen reden.“

„Wenn Sie näher kommen, machen Sie alles nur noch schlimmer. Ich ...“

„Wie ist Ihr Name?“

Der Angesprochene stutzte, dachte kurz nach und sagte stockend und widerwillig: „Stephen. Meine Freunde ... haben mich Steve genannt.“

„Haben Sie so genannt?“

„Tot“, keuchte er. „Alle tot.“

Ein gequältes Grinsen, das in dieser Situation abstoßend und unpassend wirkte. „So tot, wie ich bald sein werde.“

Dieses Grinsen brachte Jonathan fast aus der Fassung.

So etwas hatte er noch nicht erlebt.

Der Mann, der in verzweifelter Haltung gekrümmt vor ihm stand, kam ihm nicht wirklich wie jemand vor, der sich freiwillig dazu entschlossen hatte, auf den Sims des Daches zu steigen. Vielmehr schien er gefangen zu sein in einer Abfolge aus Bewegungen und Emotionen. Fast wie eine Marionette, die sich ihrer Fäden halb bewusst war und die Hoffnung aufgegeben hatte, jemals eine Schere zu finden, um sich ihrer zu entledigen.

In der Ferne braute sich ein Gewitter zusammen. Altocumuluswolken wucherten am Horizont und näherten sich unerbittlich und unaufhaltsam.

Die Atmosphäre war erfüllt von zuckender Elektrizität. Statisches Knistern ließ Jonathans Zahnfüllungen schmerzhaft vibrieren.

„Ich will nur reden."

Jonathan tastete sich langsam und behutsam vor. Jedes Wort musste gut überlegt sein.

Die Luft war ein erdrückendes Gemisch aus Feuchtigkeit und Hitze.

„Ich habe gesagt, dass Sie bleiben sollen, wo Sie sind. Es ist ... oh mein Gott ... ich glaube, ich bin ansteckend!"

Seine Augen schimmerten vor Tränen. Sein Blick war bar jeder Hoffnung.

Als müsste jeden Moment die Welt untergehen und als wäre der Tod die einzige Möglichkeit, einem noch grausameren Schicksal zu entgehen.

Blitze durchzuckten die noch ferne, sich stetig nähernde Wolkenformation. Donner grollte im Zentrum. Dumpfes Wetterleuchten, das auf sie zutrieb, sich vorwärts schob und die Luft auflud.

„Hey, Süße."

„Was denn ... ist was ..." Sie gähnte lange und ausgiebig. „... ist was passiert?"

Sie konnte kaum die Augen offen halten, als er sich über sie beugte und sie küsste.

„Unfall auf der Upper Arlington. Duncan hat mich angepiept. Sie brauchen jeden Mann."

„Nein, nein", gähnte sie ihm schlaftrunken entgegen. „Ich *brauche meinen Mann ... hier."*

Sie klopfte halbherzig auf seine Bettseite, die noch ganz warm war.

„Schlaf wieder ein, Süße. Zum Frühstück bin ich wieder da." Behutsam küsste er sie auf die Stirn. „Versprochen."

Ohne die Augen zu öffnen, wälzte sie ihren auf dem Kissen ruhenden Kopf benommen hin und her. Ein deutliches Zeichen dafür, dass Madame ganz und gar nicht einverstanden war mit dem, was vor sich ging. Ihre Stirn lag in Falten.

„Du kannst nicht jeden retten ... du kannst nicht ..." und da schlief sie auch schon wieder.

Er fragte sich, ob das Kind, das sie in gut fünf Monaten zur Welt bringen würde, ebenfalls schlief und träumte.

Zärtlich strich er ihr über die Stirn.

Dann verließ er die Wohnung.

Jonathan kannte die Prozedur, die sich hier abspielte. Alles, was er jetzt brauchte, war Zeit.

Er hatte mehrere Verhaltensstrategien in der Hinterhand, die er an den richtigen Stellen auszuspielen gedachte. Doch auch wenn er auf dem Gebiet der Notfallseelsorge ein Spezialist war, so war er sich dennoch bewusst, einen Eiertanz vor sich zu haben. Einen Drahtseilakt, bei dem es kein Netz und keinen doppelten Boden gab.

Nichts war so unumkehrbar und endgültig wie der Entschluss eines Menschen, sich das Leben zu nehmen.

In der Theorie nannte man den Weg zu dieser Entscheidung das *präsuizidale Syndrom*, das sich in drei Phasen abspielte.

In der ersten Phase spukte einem der Gedanke, sich töten zu können, für den Fall, in einem Konflikt unterlegen zu sein, als eine Art Notausgang im Kopf herum.

Die zweite Phase verfestigte die Todessehnsucht, bis sie den Überlebenstrieb niedergerungen hatte. Zu guter Letzt blieb schließlich nur noch die Frage, wie und wann es geschah.

Jonathan war diesem Syndrom selbst beinahe unterlegen, doch es war eigentlich, bis auf dieses eine Mal, immer eine Frage der Antriebslosigkeit geblieben.

Seitdem hatte er jedem potenziellen Selbstmörder ansehen können, wie weit dieser innerhalb der präsuizidalen Verhaltenskette vorangeschritten war, hatte ein Bauchgefühl entwickelt. Doch in diesem Fall war er ratlos.

Der Mann, der vor ihm auf dem Sims stand, hatte mit Jonathans Bauch nichts zu schaffen.

Er schien sich keinesfalls sicher zu sein, dass das, was er tat, richtig oder notwendig war. Vielmehr spiegelte sich in seiner Mimik und Gestik ein Zwiespalt, zwischen dem, was geschah, und dem, was möglicherweise in ihm vorging.

Dieser Mann wollte leben, doch nicht um jeden Preis.

„Es pflanzt sich fort. In den Köpfen der Menschen ...“, sagte er mit abwesender Stimme.

Und dann kippte er einfach nach vorne.

Er fiel sehr lange.

Jonathan beschleunigte seinen Schritt. Duncan, der Bereitschaftsarzt, kam ihm bereits entgegen.

„Da sind Sie ja. Tut mir leid, dass ich Sie aus dem Bett holen musste, aber Stuart ist in Montreal und Ruknitdinov kuriert eine Grippe aus. Oder einen Kater. Oder was auch immer.“

„Schon gut. Wie sieht‘s aus?“

„Zwei Tote, vier Schwerverletzte. Ein Rentnerpärchen, eine Frau, ihr Mann und die Kinder. Mehrere Frakturen, eine Gehirnerschütterung. Das ging alles so verdammt schnell, ich ... ist alles noch ziemlich chaotisch hier, hat uns voll überrumpelt.“

Er räusperte sich und blinzelte hektisch, was darauf schließen ließ, dass er bereits eine volle Schicht hinter sich hatte.

Bereitschaftsdienst konnte eine richtige Tortur sein. Erst geschah gar nichts und dann alles auf einmal, als würden sich die Unfallopfer absprechen, mit Uhrenvergleich und allem Drum und Dran.

„Also ... auf der Fünf liegt die Mutter. Sie hat innere Blutungen, sieht echt nich' gut aus. Außerdem ,ne Schnittwunde am rechten Oberschenkel. Die Jungs von der Feuerwehr haben sie verletzt, als sie sie aus dem Fahrzeug schneiden wollten. Sie liegt im Koma. Die Unfallverursacherin ist bereits in der Pathologie, zusammen mit der Spaziergängerin, die sie erwischt hat, bevor sie in den Gegenverkehr geriet. Bisher gehen wir von einem medizinischen Notfall aus, der ursächlich für den Unfall sein könnte. Herzinfarkt, Embolie, Schlaganfall ... irgendsowas. Die anderen ..." Er machte eine ausladende Handbewegung. „Wir haben sie auf der ganzen Etage verteilt. Wir waren vorher schon überbelegt und unterbesetzt, aber das hat uns die Beine weggerissen."

Er fuhr sich durch die Haare und machte einen sichtlich gestressten Eindruck. Jonathan nickte einfach.

„Auf." Sein Blick war ernst und gefasst. „Gehen wir's an."

„Wie wär's mit Lucy?"

Mina schmunzelte, wie über einen gelungenen Scherz.

„Schatz, wir haben alle Zeit der Welt, um ..."

„Schhh …“, ihr Finger legte sich auf seine Lippen und ließ ihn schweigen, „… ich weiß, aber …“

Er küsste sie und fing ihren Blick mit seinem.

„… nein, da gibt es kein aber. *Lass uns darüber reden, wenn es so weit ist, in Ordnung?“*

Als er sie so sah, mit ihrem erwartungsvollen, fast schon besorgten Blick und scheinbar zerbrechlich, wie eine kostbare chinesische Vase, verliebte er sich erneut in sie.

„Wir werden einem Kind das Leben schenken. Gemeinsam. Mit vereinten Kräften. Und nichts und niemand wird daran etwas ändern.“

Es dauerte ganze zwei Stunden, um die Situation in den Griff zu bekommen, und Jonathan war einigermaßen zufrieden mit seiner Arbeit.

Der Frau, die im Koma lag, hätten sie wegen eines Blutstaus fast das Bein amputieren müssen, was sich jedoch glücklicherweise durch druckentlastende Schnitte vermeiden ließ.

Bei den Kindern war die Sache besonders heikel gewesen, aber das hatte weniger etwas mit ihren Verletzungen als vielmehr mit dem behandelnden Arzt zu tun. Bei einem Notruf tat man sein Bestes, sein Menschenmöglichstes, um zu retten, was zu retten war.

Doch wenn es sich um ein Kind handelte, dann waren alle Beteiligten ganz besonders engagiert. Patienten starben, das war in manchen Fällen unabwendbar. Und wie Mina ihm immer wieder predigte: *Er konnte nicht jeden retten.*

Doch der Tod eines Kindes hatte für Jonathan und die meisten anderen Betroffenen eine ganz eigene, ungleich grausamere Dimension.

Mit einem Kind starb eine ganze Welt, die es nie würde erbauen und die niemals jemand würde sehen oder erleben können.

Diesmal war noch einmal alles soweit gut gegangen und alle bei der Einlieferung nach atmenden Patienten waren über den Berg.

Doch gerade als sich die Situation wieder beruhigt hatte, brach der zweite Sturm los und diesmal drohte er die Nervenschiffe kentern zu lassen.

Die Nachricht einer Massenkarambolage rauschte durch den Äther des Krankenhausfunks. Als Jonathan die notdürftigen, hektischen Beschreibungen des Unfallszenarios vernahm, wähnte er sich in einer Kriegsreportage und das unmittelbar vor seiner Haustür, in der Nähe der *Pepperidge Farm*, dem beliebtesten Einkaufscenter von Valleyview.

Über zwanzig Personenkraftwagen. Ein vollbesetzter Doppeldeckerbus. Zwei Motorradfahrer. Ein Geisterfahrer. Ein buntes Gemisch verbogenen Stahls und gebrochener Knochen. Es war von mehreren Toten die Rede.

So viel zur Theorie.

Die Stationstüren flogen auf und Bahre für Bahre wurde hineingerollt.

Splitterbrüche. Verbrennungen zweiten, dritten und vierten Grades. Exkremente. Blut. Erbrochenes. Herzzerreißende Schmerzensschreie.

Tränen. Amputierte Gliedmaßen. Kreislaufstillstände. Gebete, die wie das Bellen ertrinkender Welpen klangen.

So viel zur Praxis.

„Also ... da war dieser Kerl.“

„Welcher Kerl?“

„Na, der den sie aus dem Fluss gezogen haben, letzten Sommer.“

„Mhhh ... welcher von denen?“

„Der mit der Kojakfrisur.“

„Ach, der Kerl.“

„Ja. Also, da war er halt und ...“ Harp schüttelte den Kopf. „... Mann, der sah schlimm aus!“

„Ja, das ist wahr, echt übel“, pflichtete Jonathan ihm bei. „Schlimmer als der, der von der Brücke gesprungen ist.“

„Ja, eben so aufgequollen und die Fische hatten ihm ein Auge rausgelutscht.“ Er machte eine andeutende Handbewegung vor seinem Auge und ein schleimiges und ploppendes Geräusch.

Jonathan *schüttelte sich angewidert, nahm einen Schluck aus seiner Bierdose und wischte sich über den Mund. „Is ja eklig.“*

„Mann ...“, Kopfschütteln, „... der wollte auf Nummer sicher gehen. Hatte so einen Overall an, mit vielen Taschen und so. Die hat er dann gefüllt. Mit Bleikugeln. Ich weiß nicht, wie viele es waren, aber es muss mehr als gereicht haben.“ Hier baute er immer eine bedeutungsvolle Pause ein. „Er ist an der Brücke ins Wasser gesprungen, wo der Fluss die Grenze von Chester und

Harmsville ist, und er ist genau da gefunden worden, auf dem Grund des Flusses. Sechzehn Tage später. Die Strömung hat ihn nicht weitergetrieben."

„Woher weiß man, wo er reingesprungen ist?"

„Tja, also ... man weiß es nicht, aber es ist eine beliebte Stelle und diese Dinge ... sie wiederholen sich gerne. Von Zeit zu Zeit."

Dr. Jonathan Montague unterteilte die eingelieferten Patienten in Schwerverletzte, die sofort versorgt werden mussten, Leichtverletzte, die warten konnten und die, bei denen alles vergebens gewesen wäre.

Die Verbrannten und Verstümmelten.

Es waren so viele.

Kinder wurden bevorzugt behandelt, trotzdem starb eines von den fünf, die eingeliefert worden waren. Zwei andere waren auf dem Weg hierher verblutet, noch bevor sie das Krankenhaus erreicht hatten.

Sechs weitere Menschen waren gestorben, weil es schlicht am nötigen Personal mangelte.

Man überließ sie ihrem Schicksal und gab ihnen Morphium gegen die Schmerzen.

„Wie heißt die Kleine?", fragte Jonathan den anwesenden Assistenzarzt.

„Ähm ..." Blättern. „... Maria Fisher. Ein Wunder, dass sie es geschafft ..."

„Kein Wunder. Eine Frau ist gestorben, damit wir ihr das Leben retten konnten. Sie war verbrannt, am ganzen Körper, bis zur Unkenntlichkeit. Wir mussten entscheiden, ob wir die Kleine retten oder die Frau."

„Kommen Sie nicht näher!"

Jonathan drückte sich an die Hauswand, hielt sich mit einer Hand am Sims fest.

„Okay, ich will nur mit Ihnen reden."

„Ja klar, das hätte ich jetzt auch gesagt, Klugscheißer! Was würden Sie tun, wenn ...?"

... du kannst nicht jeden retten ...

„... Sie haben keine Ahnung! Gehen Sie weg!"

Der Kerl, der Jonathans Platz auf der Retterseite eingenommen hatte, wirkte sichtlich verwirrt, jung und unerfahren, doch er fing sich.

„Dr. Montague ... Jonathan ... erzählen Sie es mir."

Wolkenberge formierten sich in der Ferne zu einer statischen Angriffsfront, die knisternd vorwärts stob und die Welt in Zwielicht tauchte. Jonathan kam der irre Gedanke, dass so der Himmel aussehen musste, kurz bevor ein Planetenkiller einschlug und alles Leben auslöschte.

„Haben Sie schon mal von präsuizidalen Verhaltensweisen gehört? Da ist nirgends die Rede von Kooperationsbereitschaft oder Kommunikation. Also Klappe halten!"

„Ich will doch nur ..."

„Ach", spie Jonathan verächtlich aus.

„Gehen Sie weg, es ist ... anders, als Sie glauben!"

Sein Blick verlor sich in der näher kommenden Brandung des Sturmes. Statisches Knistern. Ozon, das man auf der Zunge zu schmecken glaubte.

„Haben Sie schon von der *Rückfallquote für die Loser* gehört? Für die, die es versucht und nicht geschafft haben? Zwanzig Prozent halten durch und versuchen es nie wieder, aber die anderen ... die anderen ...“

Er seufzte schwer.

„Alles wiederholt sich. Wir sind nur Hamster in einem Rad. Intelligente Ratten in einem riesigen Labyrinth. Alles ... wiederholt sich ...“

Wie gesagt: Auf die eine oder andere Weise wird es enden.

Alles, was bleiben wird, sind unsere Zeilen.

Meine, die ich gerade niederschreibe, und die zwei Sätze, die Mina mir hinterlassen hatte.

„Wie wär's mit *Maria*?“

Sie hatte sich so sehr auf die Geburt ihrer Tochter gefreut.

Freut sie sich noch immer?

Das Knistern im Haus ist unerträglich aufdringlich, seit ich hier sitze und darauf warte, dass sie zurückkommt, doch mein Glaube daran wird mit jedem Augenblick, der verstreicht, schwächer, so wie der Wind stürmischer weht.

Sie war noch mal losgefahren, um Gurken zu kaufen, steht im PS.

Ausgerechnet Gurken.

Ich überlege, wo sie einkaufen würde, und denke immer wieder: bloß nicht die *Pepperidge Farm*, bloß nicht da.

Ich weiß nicht, was ich tun würde.

Trauerweide

14. Dezember 1765
Falling Cross, Sussex, England

Es gibt Dinge, an die ich oft denken muss. Vergangenes.

Mein Name ist George T. Hoag.

Geboren wurde ich 1714 in London, in einer Gegend, die man zu jener Zeit *„Rookery"* nannte und nach Einbruch der Dunkelheit besser mied. In den Seitenstraßen gab es Männer ohne Gesicht, die Namenlosen verbotene Dinge verkauften. Eine Fahrkarte ins Traumland. Eine Reise auf dem Regenbogen. Oder ein Messer, welches wenig später blutverschmiert mit einem Zettel und einer Nummer versehen auf dem Schreibtisch einer Polizeistation lag.

Als ich acht Jahre alt war, erschoss mein Vater meine Mutter und beging danach Selbstmord. Ein vom Leben enttäuschter Mann, dem Alkohol verfallen und dem Wahnsinn ausgeliefert.

Meine Tante in Oxford nahm mich bei sich auf. Sie war mir in ihren letzten Jahren eine strenge, aber gute und fürsorgliche Mutter.

Das Dorf, in dem ich von da an meine Kindheit verbrachte, war durchzogen von den Strängen altirischer Kultur. Manche Wohnzimmerwand wurde geschmückt vom Bildnis von Grace O'Malley, der wohl bekanntesten irischen Freibeuterin, und es gab wohl kaum eine Seele, die nicht wusste, wie Westerglocken klangen.

Old Wester Vale hieß fortan mein Zuhause, und ich passte ebenso wenig in die Umgebung dieses friedlichen und sympathischen Dorfes wie ein Fuchs in einen Kaninchenbau.

Hierzu muss ich erwähnen, dass die mangelnde Erziehung, welche mir in *Rookery* zuteil geworden war, mich in eben jenem Dorf rasch zum Außenseiter werden ließ. Die Weiber der Dorfältesten erwiderten keinen meiner doch ernst gemeinten Grüße. Wussten sie doch, dass ich es gewesen war, der ihre hinter ihren Hütten zum Trocknen aufgehängten weißen Laken mit Dreck beworfen und die in ihrem Garten ausgestreute Saat bei einem Ritt auf einem Traumschimmel zertrampelt hatte.

Nun, es gab wahrlich genug Scherereien um meine noch ungeformte und vulgäre Person.

Erst als ich widerwillig eingeschult worden war, eröffnete sich mir ein Freundeskreis, welchem ich noch lange danach sehr verbunden war. Gute und treue Weggefährten, die ich schmerzlich vermisse, nun, da sie Asche sind.

Zu jener Zeit war ich bei den Kindern des Dorfes mehr als nur ein Fremder. Ich war eine Attraktion. Ein schon früh vom Leben geprüfter Junge, dessen Erfahrungen weit über die der Gleichaltrigen hinausgingen und der Dinge wusste und erlebt hatte, welche die pure Vorstellungskraft des Alltäglichen überstieg.

Peter Jesterfield, Mark Greenway, Robert O'Toole und Timothy Severin waren die Soldaten meiner Armee, welche von mir befehligt wurde.

Wir nannten uns *BLACKTREE*, denn unser Hauptquartier war die verfluchte schwarze Trauerweide am Rande der Malcolm-Felder, die seit Menschengedenken keine grünen Triebe mehr hervorgebracht hatte.

Man sagte sich hinter vorgehaltener Hand, sie sei verhext. Die Weide sei einer der tausend Finger des Gehörnten, welche überall auf der Erdkugel aus dem Boden sprießen und Tod und Verderben gebären.

Sie war von gespenstischer Faszination und ich glaube, bis zum heutigen Tage noch nicht begriffen zu haben, welch bestialische Macht sie über mich hatte oder immer noch hat.

Manchmal, wenn wir in ihrem alles verdunkelnden Schatten saßen und versuchten, uns mit einem kleinen Feuer der Kälte zu erwehren, die sie immer umgab, fühlte ich mich, als wäre ich nach einem langen Ritt auf meinem Traumschimmel wieder zu Hause eingekehrt, wo die Gesichtslosen mit den Namenlosen verbotene Geschäfte trieben.

Doch ich verliere den Faden.

Ich komme besser möglichst schnell auf den Kern dieser Aufzeichnungen, denn die Zeit wartet nicht auf deren Beendigung.

Gregory Imp.

Der unscheinbare verunsicherte Junge mit den Segelohren und den ewig durchlaufenen Schuhen.

Ich weiß nicht, wie es dazu kam, aber irgendwie verwickelte ich mich selbst in ein, wie ich es später nannte, *Missgeschick*, wobei ich einem beleibten, Sprüche klopfenden Jungen, der auch noch älter war als ich, einen Arm brach und zwei Zähne ausschlug, als dieser Gregory schikanierte.

Greg.

Bis heute wünschte ich, damals nicht eingegriffen zu haben, denn nach diesem Vorfall wurde ich ihn nicht mehr los, gleich, wie oft ich ihn anschrie oder verprügelte. Er folgte mir wie ein treuer Hund.

Er ging soweit, dass er *BLACKTREE* beitreten wollte, und nichts in der Welt konnte ihn davon abbringen. Peter, Mark, Timothy und Robert erhoben keinen Einspruch, waren sie doch wie er nur ziellose Soldaten, welche auf dem Schlachtfeld *„Leben"* nach ihrem Führer suchten, ebenso naiv wie unvoreingenommen gegenüber Greg.

Mit einem Male sah ich einen Weg, meinen verhassten Lakaien loszuwerden.

Um ein *BLACKTREE*-Soldat zu werden, musste man eine Mutprobe bestehen. Sie bestand darin, bei Nacht und Nebel in den klauenartigen Ausläufern der schwarzen Trauerweide zu verweilen, von Sonnenuntergang bis zur Morgenröte.

Niemand wagte es, mir gegenüber sein Unbehagen zu zeigen, welches alle meine Kumpane verspürten, denn Greg sollte die Probe auf meine Anweisung hin allein bestehen, ohne unser Beisein, welches ihn dazu gezwungen hätte, Mut zu zeigen.

Sollte er doch in der Nacht mit durchnässten Hosen und weiberartigem Geschrei über die Malcolm-Felder in Richtung Dorf zurückgeeilt kommen, sodass er mich und meine Mannen in Zukunft meiden würde.

So ließen wir ihn allein zurück, an jenem von den Dorfbewohnern und nun auch von mir verfluchten Ort.

Ohne Schlaf wälzte ich mich in meiner Kammer auf dem Boden, krank vor Gewissensbissen und der offensichtlichen Tatsache, selbst ein Namenloser geworden zu sein und der lähmenden Gewissheit, die Weide kalt und gesichtslos geifern zu spüren.

Lange bevor der Hahnenschrei durch Old Wester Vale schallte, hatte ich mich mit meinen Lumpen bekleidet und war auf dem Weg zu der Trauerweide auf meine Armee gestoßen, die anscheinend dasselbe Unbehagen gespürt hatte wie ich.

Gemeinsam liefen wir durch die Seitengassen, passierten den Dorfplatz und überquerten die Malcolm-Felder, an deren Ende die Weide thronte, dunkel und unheilvoll.

Man konnte kaum die Hand vor Augen sehen, denn der Nebel, der sich in amorphen Massen, geräuschlos schleichend, einem Leichentuch gleich, über das Land legte, ließ uns erblinden. Bis zum Anbruch des nächsten Morgens suchten wir nach unserem Gefährten. Nachdem der Nebel sich gelichtet hatte, stellten wir fest, nur im Kreis gelaufen zu sein. In einem deformierten

Oval um die Weide, als hätte sie versucht, uns zu halten, oder Schlimmeres.

Greg war verschwunden. Am Fuße des verhassten Baumes lag ein zerfetzter Schuh, der zweifellos ihm gehört hatte.

Von Wut und Entsetzen gepackt, liefen wir dorfeinwärts zu unseren Häusern und bewaffneten uns. Greg war von den anderen akzeptiert worden und wenn ich auch gegen ihn gewesen war, so mussten wir ihn dennoch rächen.

Ohne uns abgesprochen zu haben, erschienen wir alle fünf bei der Teufelsweide, jeder eine Axt oder ein Beil mit sich tragend.

Eine Weile schien es, als wären die Klänge der Natur verstummt, als hätte die gigantische Kugel, auf der wir leben, aufgehört sich zu drehen.

Die Zeit schien still zu stehen, als es begann.

Ich schlug als erster zu. Meine Axt traf auf verwittertes, steinhartes Holz, konnte jedoch eine tiefe Furche in den Stamm reißen, aus der sofort Harz quoll wie vergiftetes, geronnenes Blut.

Äste begannen nach uns zu schlagen und mir war, als hätte sich die Luft verändert. Es roch nach Untergang.

Leise obskure Schreie drangen aus dem Erdreich gen Oberfläche, die aus mehreren Kehlen, jedoch nur aus einem Munde zu kommen schienen.

Ich war wie von Sinnen und bemerkte zuerst nicht einmal, dass ich auf einmal alleine vor der

Weide stand und mit meiner Axt auf ihren Körper einschlug.

Ein markerschütterndes Knurren erbebte und erfüllte die Welt.

Es klang, als bereite sich ein gigantisches Raubtier darauf vor, seine Beute anzugreifen. Der Schlachtruf eines außerweltlichen Titanen, der alles vernichtet, was sich ihm in den Weg stellt.

Die Schatten der Nacht wurden zu etwas anderem, zu etwas Lebendigem, das versuchte, uns zu ergreifen, und ich spürte eine Furcht, für die es keine Worte gibt. Ich hatte panische Angst davor, mich umzudrehen, weil ich glaubte, der Anblick könnte mir den Verstand rauben.

Bilder von sich aus dem Urschlamm kämpfenden Ungetümen erschienen in meinem Kopf. Von lebenden Gebirgszügen und von Dingen, die sich vom Erdkern gen Oberfläche gruben, schnaubend und tollwütig. Um mich herum wirbelte die Erde auf, wie von unsichtbarer Hand bewegt. Vielgliedrige Insekten wühlten sich aus dem Boden und krallten sich in meine Beine. Vögel fielen tot vom Himmel.

Das wütende Gebrüll der Bestie, die wir bekämpften, löschte alles andere aus.

Und die Welt war Schweigen.

Ich muss bewusstlos gewesen sein, denn als ich erwachte, standen alle Bürger und Bürgerinnen von Old Wester Vale um mich herum und redeten aufgeregt miteinander.

Robert, Timothy, Peter und Mark waren ebenfalls bei mir, bandagiert und blau an Gesicht und Armen.

Wo die Weide hätte stehen müssen, zeugte nur noch ein tiefes, grob geschlagenes Loch im Boden davon, dass hier einmal die Wurzeln und Triebe eines Baumes das Erdreich durchzogen hatten.

Wir mussten unsere Tat nicht rechtfertigen, denn alle wussten, was geschehen war.

Mit Ausnahme der Tatsache, dass wir Gregory Imp in den Tod hatten gehen lassen.

Ich will dieses Geheimnis nicht mit ins Grab nehmen, wie meine Armee es tat.

Robert O'Toole verblich Januar 1748 an einem plötzlichen und sehr starken Nervenfieber.

Peter Jesterfield verschwand 1755 im Norgia-Forest bei Canterbury, ebenso wie Mark Greenway, der im Herbst vergangenen Jahres von einer Studienreise nach London nicht zurückkehrte.

Und Timothy Severin erlag November 1759 einem Herzleiden, welches ebenso plötzlich auftrat wie jene pechschwarzen Weidentriebe im Vorgarten meines Landhauses.

Kammerflimmern

„... und hier sind sie wieder, denn tot Geglaubte leben bekanntlich am Längsten. Von ihrem neuen, alten, verschollenen und wieder entdeckten Album NAKED: Die Beatles mit GET BACK."

Mit zitternden Fingern drehte Jürgen das Radio lauter und gab sich einen kurzen Moment lang der illusorischen Hoffnung hin, er mache nur eine kleine Spritztour ins Grüne.

Er beschleunigte den Ascona auf einhundertfünfzehn Stundenkilometer und schob den Gedanken, zu spät zu kommen, beiseite wie einen Stapel unerledigter Papiere.

Vor einer halben Stunde noch, als er überstürzt aufgebrochen war, hatte er *Madonna* hören müssen. Die anderen Kanäle waren voll mit Klassik oder Schlager, also hatte er sich für das kleinere Übel entschieden und war wieder einmal bei RADIOBOB gelandet.

Mit einem tiefen Atemzug sog er den Geruch der blühenden Rapsfelder ein, der mit der milden Sommerluft ins Auto strömte, während John Lennon ihn händeringend beschwor umzukehren.

Und wenn ich zu spät komme?

Was ist, wenn ich zu spät komme, oder ...

... mir das Ganze nur einbilde?

Jürgen dachte daran, wie er vor etwa drei Stunden nach Hause gekommen war, seine Jacke auf das Sofa geworfen hatte und verschwitzt und müde durch die Wohnung getorkelt war.

Das rote Lämpchen an seinem Anrufbeantworter hatte wie verrückt geblinkt, was ihn allerdings nicht besonders interessiert hatte. Doch als er dann eine ausgiebige Dusche, ein Mikrowellenselleriesschnitzel, eine Folge *Dexter*, drei Lucky Strike und ein paar Seiten von Charles Bukowskis *„The Last Night Of The Earth Poems"* später die Nachricht abgehört hatte, war ihm das Blut aus dem Gesicht gewichen, als hätte sein Kopf ein Leck.

Zuerst hatte er nur ein Rascheln gehört, dann ein in die Länge gezogenes „Oooooooohhh ...", ein Poltern, als ob ein schwerer Gegenstand zu Boden fiel, statisches Rauschen.

Dann nichts mehr.

Eine kleine Ewigkeit hatte er dagestanden, mit dem Hörer in der Hand, und angestrengt gelauscht, obwohl nichts mehr zu hören gewesen war.

Tante Inna!

Das war Tante Inna!

Sie ist gestürzt, hat sich zum Telefon geschleppt und hat ...

... mich *angerufen? Warum zum Teufel sollte sie ausgerechnet mich ...* und während er noch darüber nachgedacht hatte, war ihm eine wahre Flut von Möglichkeiten in den Sinn gekommen, von denen er zwei für durchaus plausibel hielt.

Weil Marianne und Matthias gerade im Kino sind oder in der „Pletschmühle" die Salatbar plündern und nicht auf Tante Inna aufpassen, oder ...

... weil sie tot sind, von perversen, skrupellosen Einbrechern misshandelt und ermordet, und Tante Inna schwer verletzt neben dem Telefonhörer liegt.

Die Nachricht war also *möglicherweise* ein Hilfeschrei seiner Tante aus Sassen.

Dieser Gedanke entbehrte jeder Logik, erschien Jürgen noch nicht einmal wahrscheinlich, doch er fraß sich unwiderlegbar in ihm fest, wurde so für ihn zu einer Tatsache und hinterließ einen *„was wäre, wenn"*-Nachgeschmack, den er nicht abzuschütteln vermochte und der seitdem sein bewusstes Denken und Handeln beherrschte.

Was wäre, wenn Marianne und Matthias wirklich tot sind?

Was wäre, wenn ich der Einzige bin, der Tante Inna zu Hilfe eilen kann?

Und was wäre, wenn ich die Sache mit einem Lächeln abtue und nichts unternehme? Würde ich jemals wieder lächeln können, wenn ...

Und auch jetzt, auf der Umgehungsstraße nach Westen, auf der er den innerstädtischen Staus zu entgehen suchte, bellte ihn die Stimme seiner Angst an wie ein tollwütiger Rottweiler.

Jürgen scherte sich nicht um Verkehrsregeln. Von Angst getrieben ließ er sämtliche Verkehrsschilder unbeachtet hinter sich. Er beschleunigte stetig, solange der Straßenbelag es zuließ, benutzte jede Abkürzung und jeden *Promille-Weg*, wie die Schleichwege genannt wurden, auf denen man auch besoffen Auto fahren konnte.

Jede Abzweigung wurde zu einer Abkürzung.

Das ängstliche Bellen in seinem Kopf störte seinen Orientierungssinn und mahnte ihn zur Eile, peitschte ihn unerbittlich vorwärts, begleitet von Lenny Kravitz' „I built this garden for us", das irgendwie genau richtig klang inmitten der blühenden Felder und der spätsommerlichen Brise, die über das Land wehte.

Die Sonne war bereits weit über ihren Zenith hinaus geklettert. Schwitzender Asphalt, der ihn an die lederne Haut eines prähistorischen Wesens erinnerte, das einer Teergrube entstiegen war. Ein Hitzeflimmern glitt über die Straßenoberfläche, sodass der Eindruck entstand, die Straße sei lebendig.

Jürgen ertappte sich dabei, wie die fliehenden Mittelstreifen ihn zu hypnotisieren drohten.

Eben hatte er sich noch darauf konzentriert, die Spur zu halten, und in Gedanken bereits seine nächste Abkürzung geplant, als er abdriftete und sich und sein Gefährt auf dem Rücken eines riesigen, saurierartigen Ungetüms dahinjagen sah, das bedeckt war vom Teer seiner urzeitlichen Grabstätte. Eine riesenhafte Kreatur, die sich nur strecken musste, um ihn wie einen Rodeoreiter abzuwerfen, als wäre er nur eine motorisierte Ameise.

Kopfschüttelnd wischte er diesen Tagtraum beiseite und der gute alte Lenny machte Audioslave Platz, die ihre neue Single „Until we fall" zum Besten gaben.

Gerade als Chris Cornell sang, *„I walk this streets without regrets …"*, fuhr Jürgen mit quietschenden Reifen aus einer lang gezogenen Kurve heraus, die ihn gezwungen hatte, einen Gang herunterzuschalten.

Er war gerade im Begriff, das Getriebe erneut zu Höchstleistungen anzuspornen, und sah kurz hinunter, als er aus den Augenwinkeln etwas wahrnahm. Etwas, das mitten auf der Straße stand und dem Umriss nach zu urteilen durchaus ein menschliches Wesen sein konnte.

Panisch umklammerte er das Lenkrad fester, stieg auf die Bremse und erwartete den Aufschlag, denn er konnte unmöglich ausweichen, geschweige denn anhalten.

Jürgen sah auch die Gestalt auf der Straße nicht zur Seite springen. Er passierte einen Punkt und der Ascona kam widerwillig und ein wenig quer mit radierenden Reifen auf der Fahrbahn zum Stehen.

Mit einem gurgelnden Geräusch soffen Chris Cornell und Motor ab.

Staub umhüllte den Wagen und drang durch die geöffneten Fenster ins Innere, sodass Jürgen nicht sehen konnte, wen oder was er da fast umgefahren hätte, doch im Augenblick schien ihm das von zweitrangiger Bedeutung zu sein.

Sein Hirn schaltete abrupt in den Leerlauf, schien sich einen Moment lang um sich selbst zu drehen und stand dann still, wie der aufgewirbelte Straßenstaub, der sich im Zeitlupentempo den Gesetzen der Schwerkraft beugte und als brauner Nebel zu Boden fiel.

Seine Hände, die das Lenkrad immer noch wie einen Rettungsring umklammerten, schmerzten fürchterlich. Jürgen löste sie mit knackenden Gelenken, öffnete geistesabwesend den Sicherheitsgurt und ignorierte die Schmerzen in der Schulter.

Erst als der Staub sich gelegt hatte und er wieder durchatmen konnte, stieg er mit zitternden Knien aus dem Wagen und blickte sich um.

„Hallo? Ist da …“ *jemand*, wollte er sagen, als er hinter sich ein Geräusch hörte.

„Mir fehlt nichts“, hörte er eine hustende Stimme beteuern, noch ehe er sich umgedreht hatte und den Jungen sah, der aus dem Straßengraben kletterte.

Wie alt mag er sein?, schoss es Jürgen durch den Kopf. *Zwölf? Vierzehn?*

Mit einem Mal hörte er wieder das Bellen seiner Angst, das ihn überhaupt erst auf die Straße gejagt hatte, doch dieses Mal schien es nichts mit seiner Tante zu tun zu haben, die er momentan wegen des erlittenen Schocks vollkommen vergessen hatte.

Das Bellen galt dem Jungen.

Irgendetwas an dem kleinen Kerl gefiel ihm nicht, doch für das, was er empfand, gab es keine Worte. Es war mehr eine Ahnung als ein Gefühl. Mehr unbegründete Vermutung als beweisbarer Fakt.

Und wie ein zu Neujahr gefasster Vorsatz, verschwand diese Ahnung, als er sich den Jungen genauer ansah.

Es ist nur ein Junge, nichts weiter! Was kann da schon nicht stimmen? Nur ein ...

Eiskalte Finger umschlossen sein Herz, als ihm klar wurde, dass er beinahe ein Kind getötet hätte. Vor seinem inneren Auge hatte dieser Film eine vollkommen andere Wendung genommen, die Bremsen hatten versagt und der Straßenbelag war ein karmesinrotes Fundament Jahrzehnte währender Alpträume.

„Verdammt! Was hast du hier zu suchen? Mitten auf der Straße?“, schrie er den Jungen an. „VERDAMMT!“

„... fahre per Anhalter nach ...“

„SCHEIßE! VERDAMMT! GOTTVERDAMMTE SCHEIßE!“

Jürgen konnte nicht anders. Er musste seinem Schock verbal Luft machen, denn etwas in ihm ahnte, dass dieser sich sonst mit dem vorübergehend vergrabenen *„was wäre, wenn“*-Gefühl verbinden und zu schierer Verzweiflung heranwachsen würde.

„... Schlitz ... will nach Schlitz ... bei Fulda ..“, stotterte die Kindergestalt, die sich den Schmutz von der Kleidung klopfte.

„... steh schon ne Weile ... hab mir gedacht ... wollte weiter ... zur Kreuzung ... wo man mich besser sehen kann ... und ... wo Autos halten können ...“

„Das hättest du mal lassen sollen. Um ein Haar hätt‘ ich dich erwischt. Einfach so mitten auf der Straße rumlatschen. VERDAMMT! Was hast du dir bloß dabei gedacht?“

Jürgen gab seiner Stimme einen vorwurfsvollen Ton, der ein wenig kaschieren sollte, dass er sich wohl darüber bewusst war, dass er schlicht und einfach zu schnell gewesen war und das nicht eingetretene karmesinrote Drama zum größten Teil seine Schuld gewesen wäre.

Trotzdem merkte man ihm deutlich an, dass sein Zorn auf den Jungen so gut wie verflogen war.

Statt der Wut und dem Schock fühlte er stattdessen eine gigantische Erleichterung, die normalerweise nur Leute empfanden, die eine Flugzeugnotlandung überlebt oder einem einstürzenden Gebäude entkommen waren.

Er fühlte sich wie ein Überlebender.

Er und der Junge hatten überlebt!

Und wie Jürgen, der Überlebende, so an sein Auto gelehnt dastand, sich eine Zigarette anzündete und versuchte, den Schock zu verdauen, rutschte der Stapel unerledigter Papiere in sein Bewusstsein zurück.

Das Telefon!

Die Einbrecher!

Marianne!

Matthias!

Tante Inna!

„Ich bin unterwegs nach Sassen. Also, wenn du mit willst, dann steig ein, ich hab‘s eilig und …“ Aber der Junge stand gar nicht mehr hinter ihm, sondern hatte sich bereits auf den Beifahrersitz des Ascona gesetzt und den Gurt angelegt.

Verblüfft stieg Jürgen in das Auto und knallte die Tür zu.

Warum habe ich ihn nicht gesehen, verdammt? Und warum habe ich nicht gehört, wie er die Tür geschlossen hat? Hätte ich ein solches Geräusch überhören können?

„Is‘ nich‘ gut“, unterbrach der Junge Jürgens Gedankengänge. *„Macht einen krank. Verstopft das Herz.“*

Ertappt glotzte Jürgen auf den Glimmstängel, der zwischen seinen Fingern vor sich hinqualmte. In Gedanken schon bei seiner *möglicherweise* schwer verletzten Tante, warf er die Zigarette mit einem gereizten Schnauben aus dem Fenster und startete den Motor, der lärmend wieder zum Leben erwachte.

Das Radio sprang an und „Meat Loaf“, der singende Fleischklops, schwor seiner Liebsten, dass er alles für sie tun würde und untermalte seinen jaulenden Liebesschwur mit in die Länge gezogenen „YEAHS“ und „UUHS“, die seine tief empfundene Leidenschaft bekunden sollten.

Jürgen versuchte gar nicht erst, einen anderen Sender einzustellen, sondern schaltete das Radio kurzerhand aus. Die Zeit für Ablenkungen war ohnehin vorbei.

Er hatte keine Zeit mehr zu verlieren. Schließlich ging es *möglicherweise* um Leben und Tod. Außerdem musste er unbedingt dieses grässliche Gefühl loswerden, das sich wieder seiner bemächtigt hatte, sich in ihn hineinfraß und ihm versicherte, dass er zu spät in Sassen sein würde und dass sie bereits alle tot waren.

Den ersten Gang fuhr er schnell aus, auch den zweiten und dritten. Seine Knie zitterten immer noch ein wenig, als er in den Vierten wechselte, routiniert beschleunigte und dem Ascona Mittelstreifen zu Fressen gab.

„Stehste schon lange da?“

„Ach“, seufzte der Junge, *„ ... ‘ne Ewigkeit.“*

„Und ... wie heißt du eigentlich?“

Der Kleine wirkte gelangweilt, so als hätte er seinen Beinahe-Tod gar nicht richtig mitbekommen. Als wäre Jürgen ganz normal rechts ran gefahren und hätte ihn einsteigen lassen.

Vielleicht, dachte Jürgen, *passiert ihm so was andauernd. Vielleicht jeden Tag.*

„Sollten nich‘ so schnell fahr‘n ... könnt‘n einen überseh‘n ... einen wie mich.“

Jürgen verringerte die Geschwindigkeit ein wenig.

„Und? Wie heißt du jetzt? Oder willst du‘s mir nich‘ sagen?“

„ ... können mich Mike nennen.“

„Mike, ja? Okay, hör zu, Mike. Ich hab‘s echt eilig ... also ... wenn wir da sind, wo du hin willst ... oder in der Nähe ... dann sag Bescheid ... ich lass dich dann raus ...“

„Woll‘n zur Tante fahr‘n, stimmt‘s?“, fragte das Kind und grinste dabei unnatürlich breit über das ganze Gesicht, was ihm ein wahrhaft diabolisches Aussehen verlieh.

„ ... ich ... ja ... aber ... woher weißt du das?“ Jetzt war Jürgen derjenige, der stotterte.

„Weiß es halt“, war die trotzige Antwort des Jungen, so als hätte Jürgen auch von selbst darauf kommen können. *„Tante liegt im Sterben ... macht‘s nich‘ mehr lang.“*

Jürgen blickte entsetzt in das Gesicht des Jungen. Und mit einem Mal kam er darauf, was ihm an dem Kleinen so merkwürdig vorgekommen war. Der Junge hatte nicht ein einziges Mal geblinzelt, als wären seine Augen nur die provisorischen Schlitze einer Maske und als wäre die Gestalt auf seinem Beifahrersitz nur ein Ding, das sich ein Menschenkostüm übergestreift hatte. Das widerwärtige *„Was wäre, wenn“*-Gefühl kehrte zurück und nahm erneut von ihm Besitz.

Langsam und unaufhaltsam wurde aus seinem Entsetzen über die Worte des Jungen ein traumgleiches Gefühl, das ihn weit weg von jeder Empfindung, jeder Interpretation und jedem Wollen führte, also exakt zu dem wurde, was Kobras mit ihrem hypnotischen Tanz bezwecken.

Die Blindheit für die Gefahr.

Das trügerische Wiegen in falscher Sicherheit.

Das Abfinden mit dem Unvermeidlichen.

Die ganze Welt mit ihren Schleichwegen, Tanten, Anhaltern und Anrufbeantwortern erschien Jürgen sonderbar fern und unwirklich, so, als wäre er bisher nur dem Echo eines Traumes gefolgt, aus dem er niemals erwachen würde.

Er war nur noch ein programmierter Autopilot. Eine Ameise auf einem Dinosaurierrücken. Und das warnende Bellen seiner Angst konnte er schon fast nicht mehr hören.

„Kenn mich aus ... mit dem Tod ... hab ich hinter mir ... schon lang hinter mir ...“

Das Ding, das sich als Kind verkleidet hatte, wand sich auf dem Sitz.

Wie eine Schlange schien es sich aus dem Gurt zu schälen und in die Höhe zu wachsen, während seine Glieder sich mit raschelnden Bewegungen streckten und dehnten, ohne durch Knochen, Gelenke oder Sehnen in ihrem Wachstum gehindert zu werden.

Die Haare fielen aus und wichen einer ledernen Stirn. Die Haut zerfiel in die glänzende Schuppenstruktur eines Reptils. Gliedmaßen verbogen sich in unmöglichen Winkeln, trotzten jedem bekannten physikalischen Prinzip und prägten rasiermesserscharfe Klauen aus.

Hätte Jürgen die Kreatur auf seinem Beifahrersitz in ihrem ursprünglichen, unmaskierten Wesen wahrgenommen, dann wäre ihm bewusst geworden, dass es sich dabei nicht um einen Menschen handelte, sondern um etwas mit dem Menschen entfernt Verwandtes, das in dieser Welt fremd war, wie ein Skorpion in einem Meerschweinchenkäfig.

Dem Schlund des Scheusals entfuhr ein in die Länge gezogenes *„Oooooooohhh“*, als es sich bebend und keuchend gegen das Autodach streckte.

Es wurde länger und länger und wuchs mit schattenhafter Leichtigkeit Jürgens Gesicht entgegen.

Der Mund der Kreatur schien den Kopf in zwei Teile zu spalten, als zwischen den nadelspitzen Giftzähnen eine Reptilienzunge hervorschnellte.

Das Wesen leckte gierig über Jürgens Wange, nahm den Angstschweiß wie Nektar in sich auf und ließ die gespaltene Zungenspitze zuckend in sein Ohr gleiten.

„ ... seit Dekaden ... töten sie mich ... die so sind wie du ... die Raser ... die Mörder ... ich hol sie mir ... hol sie alle!“

Das Kind-Ding presste eine langfingrige Klaue auf Jürgens Mund, griff mit der anderen nach dem Lenkrad und zog es scharf nach rechts.

Eines des pulsierenden Glieder, das einmal ein Bein gewesen sein musste, quetschte sich in den Fußraum, fand seinen Fuß auf dem Gaspedal und stemmte es auf das Bodenblech.

Und kurz bevor das Auto den Baum rammte, auf den sie nun zurasten, hörte Jürgen noch einmal das Bellen des tollwütigen Rottweilers.

Sie wird sterben!

Auf dem Wohnzimmerteppich!

Mit dem Hörer in der Hand!

„SCHEIßE, VERFLUCHTE! UND DAS AM FRÜHEN MORGEN! VERDAMMTE SCHEIßE!“

„Ja, kann man gern drauf verzichten.“

„WAS? ICH HAB SIE NICHT RICHTIG VERSTANDEN, SUCHANKA!“

„Ähm ... ich meine ... auf so etwas kann man gerne verzichten, Herr Polizeihauptkommissar Keller. Besonders natürlich ... am frühen Morgen."

„Das können'se laut sagen! VERDAMMTE SCHEIßE! JEDES JAHR DIE GLEICHE SCHEIßE, SEIT ..."

„... seit wann?"

„Ach. War vor Ihrer Zeit, Suchanka. Irgendso ein kettenrauchendes Arschloch aus der Stadt hat einen auf Niki Lauda gemacht und hatte 'nen verfickten Herzkasper. Is' glatt aus der Kurve geflogen! Hat dabei ein Kind totgefahr'n. So'n Ausreißer, der per Anhalter unterwegs war. Das war 'ne Riesensauerei!"

„Aber ..."

„Und seitdem verreckt hier jedes Jahr einer. Am zwölften Juli. JEDES VERFICKTE SCHEIßJAHR AM SELBEN VERFICKTEN SCHEIßTAG! Und am Ende kommt wieder so ein Para-Fuzzi von der Uni und erzählt was fremden Frequenzen, blinden Flecken in der Realität oder irgend 'ner anderen paranormalen Kacke oder ..."

„Aber ... warum ..."

„VERDAMMT NOCHMAL! WIE SOLL MAN DENN HIER 'NE GESCHICHTE ERZÄHLEN, WENN MAN ANDAUERND UNTERBROCHEN WIRD, VERDAMMT!"

„Ähm ... tut mir Leid ... Herr Polizeihauptkommissar Keller, aber ..."

Polizeimeister Suchanka strich nachdenklich durch seinen Kinnbart und schüttelte verständnislos mit dem Kopf.

Eine hilflose Geste, die ihn noch unterwürfiger erscheinen ließ.

„Ich habe natürlich von dieser Sache gehört, und ... ich meine ... warum nehmen die immer den gleichen Baum? Was ... meinen Sie?"

„Keinen blassen Schimmer, Suchanka! Vielleicht ..."

... zieht dieser Ort solche Dinge magisch an, wie das Licht die Motten, wollte er sagen, doch stattdessen sagte er:

„Vielleicht haben die alle die gleiche Scheißstimme gehört!"

Der kriechende Schatten

Professor Joseph Sheridan nippte an seinem Bier und starrte in das lodernde Kaminfeuer. Draußen sang der Wind sein tödliches Lied, trieb den Schnee vor sich her wie ein Rattenfänger, der es andersherum machte, und vereiste die Dachfirste.

Es war die Zeit kurz vor Weihnachten.

Geschenke wurden gekauft, Vorsätze geschmiedet und Suizide geplant, wie in jedem Jahr, wenn der Winter die Landschaft mit einer Schicht aus Schnee und Eis bedeckte, um sich zu nehmen, was ihm zustand.

Vor einer guten Stunde war Pete Miller in Sheridans Haus geplatzt und er sah wahrlich zum Fürchten aus. Seine Frisur wirkte ungepflegt, sein Blick raste durch den Raum und seine Hände, die er in den Schoß gelegt hatte, zitterten, als stünden sie unter Strom.

Die beiden Männer saßen im Wohnzimmer vor dem Kamin, tranken Bier und schwiegen, bis das Eis von selbst brechen würde. Sheridan kratzte nur hin und wieder an der Oberfläche.

„Wie läuft´s im Job?"

Pete, der einmal Sheridans Lieblingsstudent gewesen war, reagierte nicht auf die Worte des pensionierten Professors.

Das Feuer im Kamin schien ihn zu hypnotisieren. Der Alkohol tat sein Übriges.

„Hab' gehört, dass sie bei K.W.A. Techniker suchen, die sich mit digitaler Bildbearbeitung auskennen. Das war doch immer Ihr bestes Fach, oder?“

Pete leerte sein Bier, hielt kurz inne und zerquetschte die Dose zu einem Blechklumpen, den er geistesabwesend ins Feuer warf. Dann sah er Sheridan an und seufzte schwer.

„Glauben Sie an den Teufel. Professor?“

Die Frage erwischte Sheridan eiskalt. Verwirrt zog er die Brauen zu einem Strich zusammen. Eine Geste, die seine Studenten das Fragezeichengesicht genannt hatten.

„An den Teufel?“

„Ja, Professor. An den in Ungnade gefallenen Engel Luzifer. Den Verführer der Unschuldigen. Den Verschlinger der Seelen. Glauben Sie an ihn?“

„Nun ... ich glaube an Gott, aber ...“

„Dann tun Sie es, auch wenn Sie es nicht wissen. Es gibt kein Licht ohne Schatten, richtig?“

Sheridan schüttelte den Kopf, als müsse er ein unangenehmes Trugbild verscheuchen. Er beugte sich vor, legte dem zitternden jungen Mann eine Hand auf die Schulter und suchte Blickkontakt.

„Pete, was ist los? Was soll diese Frage?“

„Ich weiß nicht ... ich ... glaube, ich verliere den Verstand.“

Er sagte es vollkommen ruhig, so, als hätte er sich bereits damit abgefunden.

„Es ... diese Sache ... fing an, als ich diesen Ferienjob machte, als Nachtwächter im Krankenhaus von Jersey.“

„St. Elisabeth?“

„Genau.“

Er fischte sich noch ein Bier aus der Kühlbox, öffnete die Dose und trank sie in einem Zug zur Hälfte leer.

„Ich wurde ganz gut dafür bezahlt, auf Monitore zu achten, auf denen sich kaum etwas tat, einfach nur, damit die Krankenhausleitung die vorgeschriebenen Versicherungsauflagen erfüllte. Sie wissen schon. Keine nächtlichen Partys. Keine unangemeldeten Besucher außerhalb der festgelegten Zeiten. Überwachung der Medizinschränke. So was eben. Meine Hauptaufgabe war es, glaube ich, mögliche Einbrecher sofort melden zu können, falls sie es schafften, die Alarmanlage zu überlisten, was nie geschah. Wenn was in der Richtung passierte, dann waren es Junkies, die schon beim Einsteigen geschnappt wurden, weil irgendein aufmerksamer Bürger die Bullen gerufen hatte.“

„Schlaflose, gelangweilte Anonyme“, folgerte Sheridan.

„Genau.“

„Potenzielle Unfallgaffer. Wie nett.“

„Na, zumindest hatte ich kaum etwas zu tun und lernte nebenbei die Schattenwirkung bei Sphären nach Leonardo da Vinci. Wir hatten ja Prüfungen, kurz nach den Semesterferien.“

„Und was hat das alles mit dem Teufel zu tun?“, fragte Sheridan unverblümt.

Pete sah ihn an und sein Blick gefror zu Eis. „Er war dort.“

„Im Krankenhaus?“

Der junge Mann zögerte und die Hände in seinem Schoß fingen erneut an unkontrolliert zu zittern. Sein Blick raste fieberhaft durch den Raum, jedoch ohne einen Fixpunkt zu finden.

„Als ich angefangen habe mit diesem Job, lag die Sterblichkeitsrate der Patienten gerade mal bei sechs Prozent, aber in der Zeit um Halloween verzehnfachte sie sich schlagartig.“ Er leerte sein Bier und warf die Dose in die tanzenden Flammen im Kamin. „Und damit meine ich nicht nur die alten oder schwer verletzten Patienten, bei denen es absehbar gewesen wäre. Ich meine alle!“

Kraftlos starrte er in die Flammen und Sheridan fragte sich, was Pete vor seinem inneren Auge sehen mochte.

„Und was immer man mir erzählte, welche Begründung die Leitung mir auch gab … es klang immer irgendwie einstudiert, wie ein zurechtgeschustertes Alibi. Eine der Schwestern, die schon seit ein paar Jahren dort arbeitete, hat mir erzählt, dass es jedes Jahr das Gleiche ist. Die Menschen sterben wie die Fliegen zur Halloweenzeit. An Blutarmut.“

Sheridans Brauen formten sein berüchtigtes Gesicht.

„Anämie?“

Pete nickte. „Ausgesaugt, bis auf den letzten Tropfen. Aber das ist es nicht, was mich um meinen gesunden Menschenverstand fürchten lässt. Es ist der Schatten.“

„Welcher Schatten?"
„Ich ... habe ihn gesehen. Auf den Monitoren."
Er fuhr sich durch das struppige Haar und lachte freudlos. „Hat 'ne Weile gedauert, bis er mir aufgefallen ist, aber sie wissen ja, wie das ist mit digitalen Bildern. Besonders mit Schwarz-Weiß-Kontrasten."
„Ja. Sie bilden bei längerer Betrachtung eine graue Summe ihrer Teile, für das menschliche Auge fast unmöglich zu trennen. So funktionieren auch diese Illusionstricks."
„Genau, aber ... Sie kennen ja die Theorie der Schattenlehre."
„Sicher. Ein Schatten ist der hinter einem Objekt entstehende Mangel an Strahlung, die das Objekt auf seiner der Strahlenquelle zugewandten Seite empfängt, wie bei der Nachtseite der Erde."
„Genau. Das heißt ja, dass es etwas geben muss, das diesen Schatten wirft, aber ... da war nichts auf den Monitoren. Nur ... dieser schwarze Umriss, der durch den Flur kroch, wie ein ... lebendiger Schatten."
„Pete", sagte Sheridan kopfschüttelnd. „Wollen Sie etwa damit sagen, dass dieser Schatten, den Sie gesehen zu haben glauben, den Menschen das Blut aussaugt und dass er vom Teufel geworfen wurde?"
Müde und erschöpft schüttelte Pete den Kopf und fuhr sich erneut durch die Haare.
„Ich weiß es nicht, Professor, aber ich ... ich bin am Ende meiner Weisheit. Ich kann mir die

ganze Sache nicht anders erklären. Ich meine … ich hatte ja ein paar Vorlesungen bei Professor Cretu."

„Ha!", entfuhr es Joseph. „Diesen Esoterikspinner konnte ich noch nie leiden!"

„Na ja, seine Kurse waren interessant und … jedenfalls haben wir über den Teufel gesprochen, über seinen Ursprung in der Geschichtsschreibung und die Bedeutung seiner Person in der vorchristlichen Mythologie."

„Und?"

„Laut Professor Cretu ist der Teufel das personifizierte Prinzip des Bösen und befindet sich damit im Gegensatz zu Gott. Vorgebildet wurde dieser Dualismus von Gut und Böse in der Lehre des persischen Religionsstifters *Zarathustra*, in der es neben dem Lichtgott *Ahura Mazda* auch dessen finsteren Gegenpart *Ahriman* gibt. Diese sich gegenüberstehenden Kräfte tragen einen seit Urzeiten andauernden Kampf um die Seelen der Menschen aus, der sich, laut der dualistischen Religionslehre, am Ende aller Zeiten entscheiden soll."

„Aber … Pete. Sie können das doch unmöglich ernst nehmen. Ich meine, wir alle wissen doch, dass …"

„Was wissen wir, Professor? Dass wir auf einer gigantischen Kugel im All treiben? Dass das Universum ein in sich selbst gekrümmter, unendlich expandierender Raum ist? Dass es kein Leben nach dem Tod gibt? Was wissen wir wirklich, Professor?"

„Mir ist klar, worauf Sie da anspielen, aber …“

„Sie haben dieses … dieses Ding … nicht gesehen! Und diese Sache mit diesem Lichtgott und dessen Gegenpart passt einfach zu sehr zu dem, was ich gesehen habe, als dass ich es als unsinnig abtun könnte, so sehr ich dies auch möchte. Ich kann einfach nicht.“

Sheridan nippte an seiner Dose, sah in die Flammen und dachte nach.

„Haben Sie irgendwelche Beweise für Ihre Theorie?“

„Großer Gott, nein! Wenn ich Beweise dafür hätte, dass das Ende aller Zeiten bevorsteht, würde ich mich umbringen, verdammt, ohne auch nur einen einzigen Augenblick zu zögern!“

Er seufzte schwer und ließ den Kopf hängen.

„Irgendwie hatte ich gehofft, Sie könnten es mir ausreden.“

„Haben Sie mit jemandem darüber gesprochen?“

„Auf keinen Fall. Man hätte mich für wahnsinnig erklärt, obwohl mir das verlockender erscheint, als die Alternative … als zu wissen, dass … die Endzeit … nein!“

Sheridan seufzte. Das Bier wollte ihm nicht mehr schmecken. Er kannte Pete recht gut und wusste, dass er nicht jemand war, der mit halbgaren Theorien um sich warf, wie manche andere seiner Kommilitonen.

Vor seinem geistigen Auge sah er einen rabenschwarzen Schatten unter einer Tür hindurch kriechen und eine lange Blutspur hinter sich herziehen.

„Als Sie sich wegen der Todesfälle bei der Krankenhausleitung erkundigten, was für eine Begründung gab man an für den Blutverlust?“

„Keine besonders plausible. Mir sagte man einfach, es handle sich um einen seltenen Virus, der die roten Blutkörperchen abtöten und die Bildung von Antikörpern zur Bekämpfung einer schwer zu diagnostizierenden und nicht näher beschriebenen Entzündung verhindern würde. Als ich nachbohrte, erklärte man mir unmissverständlich, dass mich das Ganze nichts anginge. Und die wenigen Schwestern, die sich trauten, Fragen zu stellen, erinnerte man an ihre Schweigepflicht. Aber ... Professor ... Sie kennen mich. Ich brauche keine Begründung, um zu wissen, wenn etwas im Busch ist. Man kann es in ihren Gesichtern sehen. Sie fürchten sich zu Tode! Sie scheißen sich förmlich ins Hemd!“

„Wie sah er aus, dieser ... Schatten?“

Petes Blick gewann an Härte und seine Augen weiteten sich. Sein Gesicht war nunmehr eine Fratze reinsten Abscheus und Entsetzens.

„Es sah aus, als ob man ein Stück Raum aus der Wirklichkeit gerissen hätte, wie mit einem lebendigen, schwarzen Loch.“

Sein Körper erbebte bei der Erinnerung an die Abscheulichkeit, deren Zeuge er wurde.

Er musste sich buchstäblich dazu zwingen, sich an den Anblick des Monsters zu erinnern.

„Die perfekte Antithese von Licht."

Mit zitternden Fingern bekreuzigte er sich und schluckte, bevor er weitersprach, während die lodernden Flammen unzählige Schattenhorden über die Wände tanzen ließen, wie eine dunkle Prozession von Narren einer der Menschheit unbekannten und gänzlich fremden Welt.

„Als ich dieses ... *Ding* ... das erste Mal bemerkt habe, dachte ich, es würde sich um eine optische Täuschung handeln. Aber es bewegte sich gegen die Drehung des Lichts. Völlig eigenständig! Es war so langsam, dass ich den Monitor förmlich anstarren musste, um die Bewegung zu erkennen, aber ich sah sie. Der Schatten, oder was immer es auch war, trotzte allen mir bekannten Gesetzen der Lichtbrechung. Und immer, wenn ich ihn sah, starben die Patienten in den Zimmern, in die er kroch."

Pete blickte Joseph an und sein Gesicht drückte reinste Hilflosigkeit aus.

„Und eines Nachts ... stand es vor der Kamera. Es stand! So als hätte es Beine. Als schwarzer Fleck war es durch den Flur gekrochen, wie eine riesige Amöbe, hatte sich zu etwas Aufrechtem zusammengeformt und sich vor der Kamera aufgebaut, ganz so als ob ... es mir direkt ins Gesicht blicken könnte, und ... ich weiß, dass das jetzt total verrückt klingt, aber ... ich bin mir sicher, dass es über und über mit Blut bedeckt war."

Weinend brach Pete zusammen und schluchzte hemmungslos. Sheridan war jedoch zu erfahren, um sich davon aus der Bahn werfen zu lassen. Er gab Pete eine Beruhigungstablette und machte ihm das Gästebett zurecht, doch als er in das Wohnzimmer zurückkehrte, war Pete verschwunden. Die Haustür stand offen und hinter ihr waberte die nächtliche Finsternis, wie ein Meer aus Dunkelheit, dessen Gezeiten sich an seiner Schwelle brachen.

Er blieb noch lange wach und starrte in die Flammen des Kaminfeuers, folgte gebannt den zuckenden Flammen, die sich in die Holzscheite fraßen und sie verzehrten. Im Geiste zerlegte er es in seine physikalischen Bestandteile und stellte sich immer wieder dieselbe Frage.

Glaube ich an den Teufel?

Und als das Feuer erlosch, fand er die Antwort.

Als die Welt um ihn herum dunkel wurde, wusste er, dass er es wahrhaftig tat.

„Vergib mir, Vater, denn ich habe gesündigt."

„Ach. Was du nicht sagst. Das is' ja mal was ganz Neues."

„Lass die Scherze, Brüderchen. Ich brauche deine Hilfe."

Pater Michael Sheridan schloss die Augen und massierte sich die Schläfen. Er war der einzige wahrhaft gläubige Spross einer durch und durch atheistischen Familie, und jetzt missbrauchte sein großer, erfolgreicher und vorbildlicher Bruder Joseph, der es in seinem Metier wenigstens zum gut bezahlten Professor gebracht hatte und den sie immer alle bewundert hatten, während sie ihn und seinen Glauben verlacht hatten, doch tatsächlich den heiligen Schutz des Beichtstuhls, um ausgerechnet *ihn* um Hilfe zu bitten.

Es geschahen wahrlich noch Zeichen und Wunder!

„Ich finde das nicht besonders amüsant, Joseph. Wir beide wissen, dass die einzige Beichte, die du abzulegen bereit bist, unter ärztlicher Schweigepflicht abgenommen wird. Also, als was bist du hier? Als Professor, als reuiger Sünder oder als Bruder?"

„Weder noch", entgegnete Sheridan.

„Mit deiner Hilfe … hoffe ich … als Exorzist."

Sie hatten es sich nach der Abendandacht im Pfarrhaus bequem gemacht, das gegen Sheridans Wohnzimmer mit seinem riesigen, stuckverzierten Kamin, den orientalischen Läufern und gepolsterten Sofas fast schon steril wirkte. Blankes Mauerwerk, sauber glasiert. Freigelegtes Fachwerk, gebeizt. Kruzifixe über den hölzernen Türrahmen. Schlichtes Mobiliar aus einem dunklen, kalten Holz und über allem eine Aura der Demut, die exakt zu Michaels ruhiger und gemäßigter Art passte.

Er hatte einen Kräutertee zubereitet und der Geruch nach Thymian und Pfefferminze gab der Zusammenkunft der beiden ungleichen Männer den geheuchelten Anschein von Normalität, so als hätten sie sich lediglich zu einem Skatabend verabredet.

Sheridan erzählte seinem kleinen Bruder alles, was er von Pete erfahren hatte. Nun saßen sie schweigend beisammen und er versuchte mit aller Kraft den Brocken zu schlucken, den Sheridan bereits verdaut hatte.

„Oh Mann“, meinte er nachdenklich. „Da warte ich jetzt schon seit Jahren vergeblich auf ein Wunder, auf einen Beweis, der meinen Glauben untermauert und der aus dem, was ich zu wissen glaube, Gewissheit macht, auch wenn mein Glaube keiner weiteren Prüfung bedarf, aber ... ich meine ... ich sehne mich schon lange danach, die Spuren eines heiligen Mysteriums zu erblicken, um ihnen bedenkenlos folgen zu können, aber dass es die Spuren eines Dämons sein würden, damit habe ich nicht gerechnet.“ Er blickte seinen großen Bruder ernst an und verengte die Augen zu Schlitzen. „Und du bist dir wirklich sicher, dass das Ganze glaubwürdig ist?“

„Nein“, entgegnete Sheridan gelassen. „Aber ich habe keinen Grund, Petes Geschichte in Frage zu stellen. Er ist über jeden Zweifel erhaben. Selbst in so einem Fall. Ich würde jederzeit meine Hand für ihn ins Feuer legen.“

Michael nickte und berührte seine Lippen mit den Fingerspitzen seiner gefalteten Hände.

„Na, dann hoffe ich für dich, dass das nicht nötig sein wird.“

Er füllte ihre Tassen und nahm einen Schluck, wobei er ein leichtes Zittern seiner Hand nicht verbergen konnte.

„Fürwahr. Gottes Wege sind unergründlich."

„Hast du schon eine Idee, welche Macht dahinter stecken könnte?"

„Nun, da kommen mehrere in Frage."

„Bleib beim Offensichtlichen."

„So geht das nicht, Joseph. Die Dämonologie ist eine komplexe Wissenschaft, die in jedem Fall multifaktoriell zu ergründen ist. Andernfalls riskiert man Konsequenzen, die schlimmer sein können als der Tod."

Sheridan verstand nichts von diesen okkulten Dingen, die seinen kleinen Bruder seit jeher fasziniert hatten. Er empfand es durchaus als konsequent, dass Michael nicht nur an die Existenz von Engeln glaubte, sondern auch an Dämonen, doch trotz allem amüsierte ihn der Umstand, dass sich ein geweihter Priester, der die heiligen Sakramente im Hause Gottes verlas, in seiner Freizeit mit biblischen Höllenkreisen und Ungeheuern aus den alten, fast vergessenen Mythen und Legenden der Menschheit beschäftigte.

Sheridans Glaube war noch nie besonders stark gewesen, doch seit Petes Besuch schienen sich die Grundfesten seiner Ansichten irgendwie verschoben zu haben.

„Gut. Du willst dich also noch nicht festlegen."

„Ich *kann* nicht! Wenn nur ein Bruchteil dessen, was du mir erzählt hast, der Wahrheit entspricht, dann sind in diesem Krankenhaus Kräfte am Werk, die sich über alle uns bekannten Naturgesetze hinwegsetzen und weder Fleisch noch Blut sind, jedoch offenbar durchaus dazu in der Lage, physisch auf die diesseitige Welt einzuwirken. Ich meine … hast du auch nur den Hauch einer Ahnung, was geschehen kann, wenn wir unseren Feind unterschätzen und ihm nicht ausreichend vorbereitet gegenübertreten?“

Sheridan dachte an Petes Worte und ein Schauer lief ihm über den Rücken.

„Du meinst, das Ende …“

„Das Ende allen Lebens, so wie wir es kennen. Ja. Armageddon. Natürlich wäre das der schlimmste Fall, doch von diesem müssen wir ausgehen, wenn wir uns mit dieser Materie beschäftigen und ernsthaft in Erwägung ziehen, uns in diese Vorgänge einzumischen.“

„In Ordnung“, erwiderte Sheridan und achtete darauf, dass es besänftigend klang. „Und …“, fuhr er fort, „… mal angenommen, wir gehen vom Schlimmsten aus … wer oder was könnte dahinterstecken?“

Michael seufzte, gab auf und dachte nach, wobei er mit den Informationen, die sein großer Bruder ihm gegeben hatte, wie mit Puzzleteilen jonglierte und sie zu verschiedenen Kombinationen zusammenfügte, bis sich ein für ihn logisches Bild ergab.

„Möglich wäre … und auch nur, wenn es sich nicht um das Ergebnis eines durch schwarze Magie herbeigeführten Paktes mit den Kräften der Hölle selbst handelt … ich würde sagen … möglicherweise … *Azazel.*“

„Und wer ist das, wenn ich fragen darf?“

„*Azazel* ist laut dem Levitikus, dem sechzehnten Buch Moses, ein unsterblicher Grabwurm, der an den Toten nagt, doch ihm wurden im Laufe der Jahrhunderte auch vampirische Eigenarten zugeschrieben, wie etwa das Umgehen der Naturgesetze, insbesondere die Fähigkeit des Körpertausches und die Transformation in einen nichtfesten Zustand, aber auch das Beleben der Toten und, was für uns wohl von größerer Bedeutung ist, das Saugen von Menschenblut."

„Ein Grabwurm?"

„Halte dich nicht an der Vorstellung eines Wurmes fest. Der Begriff *Grabwurm* kann, wie ich bereits erwähnt habe, multifaktoriell interpretiert werden. Es reicht schon aus, dass er sich in der Erde aufhält und die Toten frisst, um ihn als Wurm zu bezeichnen, was nicht zwangsläufig heißen muss, dass er klein ist oder leicht zu bezwingen. Zur der Zeit, als man begann, diesen Wesen Namen zu geben, war es durchaus üblich, sich der Bildsprache zu bedienen, die mehr über das Wesen und die Gepflogenheiten einer Kreatur aussagen sollte als über deren Erscheinungsbild. Ein Grabwurm könnte also ebenso gut haushoch sein, die Kraft von zwanzig Männern besitzen und unverwundbar sein gegen jede irdische Waffe."

Sheridan nickte und bat Michael mit einer flüchtigen Geste fortzufahren.

„Azazel soll, laut der Legende, im sechzehnten Jahrhundert eine Epidemie in einem serbischen

Dorf entfacht haben. Um diese Zeit, also kurz bevor das Thema *Vampirismus* in ganz Europa heiß diskutiert wurde, glaubte man in Serbien, dass Menschen, die das Fleisch von Tieren aßen, die durch den Biss des Grabwurms gestorben waren, nach ihrem Tod als Wiedergänger aus dem Grabe auferstanden, um das Blut derer auszusaugen, die sie zu ihren Lebzeiten geliebt hatten. In Ungarn und Mären nannte man diese mythischen Wesen *Wourdelak*, in Tschechien, Siebenbürgen und Rumänien *Nosferatu*, in Polen und Pommern hießen sie *Upyr* und in Schlesien und Pommern nannte man sie *Vampyre*. Doch welche Bezeichnungen man ihnen auch immer gab, eine Sache hatten alle Überlieferungen gemeinsam."

„Ach, und die wäre?"

„Das Schmatzen und Kauen."

„Das … was?"

„Das Schmatzen und Kauen der Toten in ihren Gräbern. Ein Phänomen, das Michael Ranfft in seinem 1732 in Leipzig erschienenen Traktat als *Masticatio Mortuorum* bezeichnete. In den nachfolgenden Epochen wurde dieses Schmatzen und Kauen, das in der Tat bewiesen werden konnte, den unzureichenden diagnostischen Mitteln zur Feststellung des Todes zugeschrieben."

Sheridans Brauen verengten sich zu einem Strich und sein kleiner Bruder Michael wusste diese Geste sehr wohl als das zu interpretieren, was sie unterbewusst ausdrückte.

„Damals war es quasi an der Tagesordnung" fuhr er belehrend fort, „dass man Menschen, die aus irgendwelchen medizinischen Gründen, deren Ursachen der damaligen Wissenschaft noch unbekannt waren, ins Koma gefallen waren, für tot erklärte und lebendig begrub. Das Kauen und Schmatzen der angeblich Toten in ihren Gräbern kann also durchaus als eine sehr extreme Form des menschlichen Selbsterhaltungstriebes interpretiert werden."

„Du meinst ... die armen Schweine haben sich selbst ..."

„Ja. Die zu Unrecht Bestatteten haben versucht, sich selbst zu fressen, um nicht zu verhungern. Paradox, nicht wahr? Diese Ansicht vertraten zumindest die so genannten *Gelehrten*, die dem Thema *Vampirismus* skeptisch gegenüberstanden."

„Was für eine grauenhafte Vorstellung."

Anscheinend unbeeindruckt zuckte Michael mit den Schultern und nippte an seinem Tee.

„Es war eine grausame Zeit und der Mensch ist ein Tier, ein dummes noch dazu, das nur fähig ist zu lernen, indem es Fehler begeht. Das war schon immer so. Denk nur an die Hexenprozesse und die Gräuel der Inquisition. Damals war es üblich, eine Person, die man aufgrund von reinem Hörensagen der Hexerei bezichtigte, zu fesseln und in einen See zu werfen. Schwamm sie an der Oberfläche, stand sie mit dem Teufel im Bunde und wurde auf dem Scheiterhaufen verbrannt. Ging sie unter und ertrank, galt sie als unschuldig."

„Davon habe ich schon gehört", erwiderte Sheridan. „Und das alles im Namen Gottes."

„Komm mir nicht so! Die Experimente der heutigen Wissenschaft sind keineswegs besser oder weniger zu verurteilen. Denk nur an die Stammzellenforschung, bei der man lebensfähigen Embryonen Teile ihres Gehirns aus dem Schädel schneidet. Oder an die Erprobung neuartiger Medikamente, für die man Rhesusaffen Unmengen von Krebszellen injiziert, nur um neue Therapiemöglichkeiten an ihnen zu erproben. Der Mensch ist ein Tier, Joseph! Und es gibt nur eine Instanz, die über Leben und Tod entscheiden dürfen sollte!"

„Schon gut, schon gut. Ich bin auch nicht gekommen, um einen Streit vom Zaun zu brechen oder Grundsatzdiskussionen zu führen."

„Gut. Also ... zurück zum Thema. Ähh ... wo war ich stehen geblieben?"

„Vampire", half ihm Sheridan auf die Sprünge.

„Genau. Also, man versuchte, die Untoten zu bannen, indem man ihnen den Kopf abschlug und ihre Körper verbrannte. Die Asche wurde drei Spannen tief in der Erde vergraben und die Ruhestätte durch heilige Symbole wie Kruzifixe oder geweihte Hostien versiegelt, um ein Aufleben der bösen Materie zu verhindern."

„Und wie passt das zu unserem Schatten?"

„Zunächst einmal geht er anscheinend verstärkt zur Halloweenzeit auf die Jagd, was sich mit den Überlieferungen Van Swietens, Geelhausens und Calmets deckt. In dieser Nacht sollen angeblich die dunklen Mächte besonders stark sein. Mag sein, dass sich die wie auch immer geartete Heimsuchung im St. Elisabeth erst in dieser Nacht vollständig befreien kann, um ihren Blutdurst zu stillen."

„Fehlt nur noch die Verbindung zum Hospital. Warum schlägt der Schatten dort zu? Was bindet ihn an diesen Ort?"

Michael nippte an seinem Tee, balancierte die Tasse auf der flachen Hand und schlug die Beine übereinander.

„Ich würde sagen, die Lösung liegt auf der Hand. Was immer in diesem Krankenhaus umgeht, wurde in dessen Fundament begraben, oder darunter."

„Das leuchtet ein", meinte Sheridan nickend.

„Aber das bringt mich auf einen anderen Gedanken. Was geschieht mit den Leichen, die von dem Schatten heimgesucht wurden?"

Er sprach es aus, als würden sie über eine exotische Krankheit sprechen, die man diagnostizieren und mit Hygienemaßnahmen und Medikamenten eindämmen konnte.

„Ich nehme an, sie werden von ihren Angehörigen bestattet."

„Na, solange bei diesen Bestattungen die üblichen Segnungen und Sakramente berücksichtigt werden, ist von diesen Leichen wohl kein Revival zu erwarten, aber ... das St. Elisabeth ist doch ein städtisches Krankenhaus, oder?"

„Das ist richtig."
„Ist es nicht üblich, dass zu dieser Zeit auch Obdachlose aufgenommen werden?"
Sheridan dachte nach und nickte dann. „Ich gehe mal davon aus."
„Und wer zum Geier bestattet die?"
„Keine Ahnung."
„Wir sollten uns dieses Krankenhaus mal genauer ansehen, Joseph. Ich verwette meinen Bariton darauf, dass die im Keller ein Krematorium haben, und meinen Tenor, dass der Schatten von Jahr zu Jahr größer und mächtiger wird."
„Wie meinst du das? Ich ..." Doch dann verstand er, worauf sein kleiner Bruder da anspielte. Vor seinem geistigen Auge sah er die Brennkammer des Krematoriums, vollgestopft mit zerlumpten und schmutzigen Leibern, die in den Flammen Blasen warfen und zu Asche wurden, deren Partikel sich wiederum zusammenschlossen zu einer Gestalt.
Zu einem amorphen Gebilde, das durch den verzerrten Blick einer Überwachungskamera durchaus das Erscheinungsbild eines Schattens haben mochte.

Sheridan durchforstete die Archive des Krankenhauses, während Michael sich näher mit den okkulten Überlieferung der Untoten auseinandersetzte, allen voran Ranffts *Tractat von dem Kauen und Schmatzen der Thoten in den Gräbern*, Johann Heinrich Zopfs *Dissertatio de*

Vampyris Serviensibus, Augustin Calmets *Magia Posthuma* und der *Sterbematrix von Bern* nach den Aufzeichnungen von Christian d'Elvert.

Wie Michael vermutet hatte, war das Hospital auf den Grundfesten eines Krematoriums erbaut worden, in welchem man Anfang des vierzehnten Jahrhunderts Pestleichen eingeäschert hatte. Der Ort erschien ihm demnach wie geschaffen für einen Fluch.

Nach allem, was er durch das Studium der okkulten Schriften in Erfahrung bringen konnte, konnte man Azazel weder mit den klassischen Exorzismusriten aus dem Johannesevangelium noch mit den überlieferten Methoden zur Bekämpfung Untoter beikommen.

Der Versuch, Asche zu verbrennen oder dieser Kreatur mit einem Holzpflock zu Leibe zu rücken, war lächerlich, doch der Dämon musste in seiner Form als Schatten gegenüber seinem Sujet höchst empfindlich sein.

Tageslicht wäre demnach ihre beste Waffe. Doch da der Dämon im Schutze der Nacht auf die Jagd ging, schied diese Möglichkeit ebenfalls aus.

Michael vertrat jedoch die Ansicht, dass ein aus einer unheiligen Allianz hervorgebrachtes Wesen zumindest gegenüber der Symbole des christlichen Glaubens empfindlich sein musste.

Sheridans Recherchen waren bei Leibe nicht so erfolgreich. An welche Tür er auch klopfte, sie blieb verschlossen. Er erfuhr lediglich, dass das Krankenhaus zur Ehren einer Gräfin gegründet und nach ihr benannt worden war, doch um welche „Elisabeth“ es sich dabei gehandelt hatte, war nicht in Erfahrung zu bringen.

Aufgrund der spärlichen, zwischen Tür und Angeln zugeflüsterten Mutmaßungen einiger Krankenschwestern, die übereinstimmend von einem knurrenden Geräusch in der Nacht von Halloween berichteten, das durch die Flure streifte, wurde Michael sich seiner Sache sehr sicher.

Wie sie in den folgenden Tagen erfuhren, hatte Pete Miller sich unmittelbar nach seiner überstürzten Flucht aus Josephs Haus die Pulsadern aufgebissen. Zumindest war es das, was Dr. Adamaschek, die Pathologin, als Todesursache in der Akte vermerkte hatte.

Sheridan hatte den jungen Mann gemocht. Es spielte keine Rolle für ihn, ob Pete sich wirklich umgebracht hatte oder ob höhere Kräfte am Werk gewesen waren. Petes Tod war ihm eine willkommene Motivation, sich den Mächten der Finsternis zu stellen und diese auszumerzen.

Den Namen Achriman hatte er völlig vergessen.

Die Nacht tobte vom Lärm der Feiernden, die gackernd, kreischend, johlend und stöhnend die Häuser abklapperten. Fluoreszierende Skelette huschten durch die Gassen und versuchten, mit klappernden Geräuschen die Toten zu erwecken, dicht gefolgt von der alljährlichen Brigade aus Haarspraywerwölfen, Ketchupvampiren und Bettlakengespenstern, auf der Suche nach Süßigkeiten oder einer Ausrede, jemandem einen Streich zu spielen.

Im St. Elisabeth war es dagegen ruhig wie in einer Gruft.

Sheridan lag auf dem steril riechenden Bett, lauschte dem bunten Treiben, das durch die Straßen der Stadt flanierte und starrte die Decke an.

Er verfluchte den Gott seines kleinen Bruders, der ihn vor gerade einmal zwei Monaten zu sich genommen hatte, wobei es dem Allmächtigen anscheinend nicht gereicht hatte, Michael ein Leben voller Demut und Enthaltsamkeit aufzubürden. Auch sein Tod war eine Prüfung für ihn gewesen.

Er war unter Schmerzen gestorben, in den Armen seines Bruders, in eben diesem Krankenhaus, und sein Verlust hatte ihn tief erschüttert. Ihm war nie wirklich bewusst gewesen, welche Stütze Michael ihm gewesen war, obwohl die beiden Brüder sich nur selten gesehen hatten. Das bloße Wissen um seine Existenz hatte ihn stets unterbewusst beruhigt.

Sheridan fühlte sich so einsam wie noch nie zuvor in seinem Leben, und sollte er sich im Kampf gegen die Bestie opfern müssen, würde er es als Erlösung betrachten. Er hoffte nur, dass der Dämon sich von ihm anlocken ließ, ohne zuvor die ganze Station abzuschlachten, doch Sheridan war zuversichtlich, denn er hatte etwas Besseres als Weihwasser, Gebete oder Sonnenlicht.

Er hatte Blut.

Es war schon später Abend, als das Sterben begann. Sheridan hörte, wie der Schatten sich durch die Zimmer schlachtete, reißend und geifernd, wie ein Spitzenpredator, der neue Territorien erschloss. Die fast schon romantische Vorstellung eines bei Nacht umherschleichenden Vampirs machte dem wahren Terror Platz.

Mit dem Messer, das er ins Krankenhaus geschmuggelt hatte, schnitt er sich tief in die Handfläche, machte eine Faust und sah zu, wie sein Blut auf den Boden floss.

Das Monster reagierte sofort.

Als es unter seinem Türspalt hindurch kroch und sich knurrend und bebend auf dem Boden ausbreitete und begann, sich aufzurichten, war Sheridans erster Gedanke, dass Pete und Michael beide richtiggelegen hatten mit ihren Vermutungen, denn es war wahrlich riesenhaft und vollkommen mit Blut bedeckt, wie ein organischer Schwamm, der sich vollgesogen hatte.

Der metallische Blutgeruch vermischte sich mit dem Grabesatem des Wesens und erfüllte den Raum und kurz bevor das rabenschwarze Etwas sich auf ihn stürzte, betete Sheridan zu dem Gott, an den er Zeit seines Lebens niemals geglaubt hatte. Er betete, dass Michael sich mit seiner letzten Vermutung nicht geirrt hatte und sein Opfer nicht vergebens gewesen war.

„Was es auch ist“, hatte Michael auf seinem Sterbebett gesagt. *„Es ist physisch präsent. Wä-*

re dem nicht so, müsste es nicht unter den Türen hindurchkriechen, sondern würde einfach durch sie hindurchgehen.“

Sheridan streckte der Kreatur seine blutende Hand entgegen, während sie ihn mit rot glühenden Augen fixierte und immer weiter anschwoll zu einer unsäglichen, amorphen Erscheinung, die sich wie eine knurrende Gewitterwolke vor ihm aufbaute und einen blutigen Sturm versprach. Das Schattenwesen schien für kurze Zeit unschlüssig zu sein. Es war schon so groß, dass Sheridans Schatten sich mit der Erscheinung kreuzte. Der Augenblick der Verschmelzung währte nur kurz, doch er reichte aus, um Sheridans Ekel vor dem Ungeheuer ins Unermessliche zu steigern. In diesem einen flüchtigen Moment spürte er die Kälte des Grabes, dem der Schatten entstiegen war, und wurde der undurchdringlichen Leere ansichtig, die das Monster ausgespien hatte, wie eine sich räkelnde Totgeburt.

Und er spürte den Hunger, den das Monster antrieb. Eine Art von Hunger, die Sheridan rasend machte und in den Wahnsinn getrieben hätte, wenn sich das Ding nicht augenblicklich auf ihn gestürzt und jeden weiteren Gedanken in seinem Bewusstsein ausgelöscht hätte.

Es verbiss sich wütend und knurrend in Josephs Hand und begann zu saugen, mit einem absurd lauten, schlürfenden Geräusch, das für Sheridan klang wie das Kratzen von Fingernägeln auf einer Schiefertafel.

Doch dann änderte sich das Geräusch schlagartig, als der Kreatur klar wurde, dass sie einen Fehler begangen hatte. Unter furchtbarem Geschrei und Wehklagen, das beinahe wie ein Hilferuf klang, schrumpfte es zusammen, blutete sich auf den Fußboden leer und zuckte ekstatisch.

Joseph lachte triumphierend.

„Stirb, du Bastard! Verrecke!“, schrie er dem Ding entgegen, das mittlerweile nicht größer war als ein Fußball. Ein verkrüppeltes Bündel schwarzer Flüssigkeit, das schnell austrocknete und an Substanz verlor.

„Die Wege des Herrn sind unergründlich“, hatte Michael gesagt und Sheridan eine kleine Ampulle gegeben, in der sich eine Probe seines Blutes befand. *„Die Ärzte nennen es Leukämie. Ich nenne es eine Waffe.“*

Sheridan hatte Michaels Blut in einer Ampulle aufbewahrt und sich diese injiziert, kurz bevor er sich ins St. Elisabeth begeben hatte.

Die Tür öffnete sich und eine Frau betrat den Raum. Sie trug ein wallendes, karmesinrotes Kleid mit altertümlichen Rüschen an Hals und Ärmeln. Ihre lockigen braunen Haare waren zu einem strengen Dutt geknotet.

Mit einem unverhohlenen Grinsen auf dem Gesicht begutachtete sie den rußigen Klumpen, um den sich rasch eine stinkende Blutlache ausbreitete, und faltete entzückt die Hände. Sie drehte sich zu Sheridan um und lächelte ihn an, als würde sie sich freuen, ihn zu sehen.

„Zerbrechliches Menschlein! Unwürdiger Wojwode! Du hast es vollbracht!“

Sheridan konnte die unheimliche Besucherin nur fragend anstarren, während ihn der Blutverlust zusehends schwächte. Seine Gedanken überschlugen sich.

Unablässig pumpte sein Herz das Blut aus seinem Körper. Seine Hand war völlig zerfetzt. Sein Hemd war triefend nass.

„Der Pakt ist erfüllt. Der Bruder war das Verderben seines eigenen Fleisches. Wie Achriman es mir prophezeite.“ Die Frau lachte hysterisch und hemmungslos aus voller Brust und wischte sich die Augen, um Freudentränen wegzuwischen.

„Wer ... wer sind Sie? Wer zum Teufel sind Sie?“

Tadelnd wedelte die Frau mit ihrem Zeigefinger und schüttelte langsam den Kopf.

„Ich bin Gräfin Erzsébet Báthory aus dem Hause Báthory von Ecsed. Diese ... Behausung ... trägt meinen Namen.“

Sheridan fiel es wie Schuppen von den Augen.

„Damals ... als sie den Erlöser pfählten, Ahriman hab ihn selig, wurde die Menschheit reingewaschen von aller Schuld, allein durch sein Opfer. Und nun, Menschlein, hast du der Welt ihre Schuld zurückgegeben ... durch *dein* Opfer. Es ist schon fast poetisch.“

Das schwarze, schrumpfende Ding platzte auf und etwas Dunkles, Fauchendes entfuhr ihm. Eine Rauchsäule, die sich im Zimmer verteilte und Gestalt annahm. Sheridan erinnerte sich an etwas, von dem Michael gesprochen hatte, von einem Gegenspieler des Lichtes.

... kein Licht ohne Schatten ...

Augen öffneten sich in der Wolke und Sheridan verspürte einen schmerzhaften Ruck, begleitet von der Eiseskälte des flüchtigen Moments, als der kriechende Schatten ihn berührt hatte und eins mit ihm gewesen war.

„Dieser Ort wurde erbaut, wo ich einst zur Ruhe lag. Oh, und es waren viele, viele Körper nötig, um diesen Egel zu erzeugen. Unzählige Leiber mussten den Flammen übergeben werden, damit sich etwas aus ihnen erheben konnte, doch das, was einst der Asche entstieg, lebt fort. Geläutert. Revolutioniert."

... wenn es sich nicht um das Ergebnis eines durch schwarze Magie herbeigeführten Paktes mit den Kräften der Hölle selbst handelt ...

„Ich bin das Tor."

Langsam kam sie auf ihn zu.

„Es ist das Unreine."

Sie schritt durch die zuckende und sich verwandelnde Masse ihrer Kreatur, ohne Anstrengung, als gleite sie auf Eis.

Ihr Blick gefror zu einer unendlich tiefen Schwärze, deren Anblick Sheridan bis in die tiefsten Winkel seiner Seele schmerzte und jeden Gedanken auslöschte.

„Wir sind der Tod."

Mit einem unsäglichen Kreischen riss das pulsierende Gebilde auf und legte etwas frei, das sich zappelnd aus den Eingeweiden des Schattens befreite. Dürre, verkohlte und bis auf das Fleisch verzehrte Knochenhände streckten sich Sheridan aus der Schwärze entgegen und der Verwesungsgestank wurde zu etwas Greifbarem.

Lumpen, Knochen, vernarbte Leiber, aufgeplatzte Geschwüre und halbverweste Gesichter strömten in den Raum, wie eine Sturzflut.

Die Pestkranken, die namenlosen Leichenberge vergangener Zeitalter, kamen zurück, um erneut zu Fleisch zu werden.

Und als Sheridan starb und die alte Welt buchstäblich aufhörte zu existieren, wurde ein neues, dunkleres Zeitalter geboren.

Liebe ist …

… ein Streichholz auf einer rauen Fläche.

Das Paraffin im Streichholzkopf erhitzt sich schnell durch die Reibung.

Die ersten Funken sind dann nur der Anfang des Weges und möglicherweise *der Beginn einer wunderbaren, göttlichen Freundschaft.*

Ich nehme die Packung vom Tisch, wobei die meisten der buchefarbenen Hölzer auf den schmutzigen Teppichboden fallen, und blicke mir das Emblem der Herstellerfirma genauer an, bleibe im Moment, harre aus in den Sekunden, bevor …

„… das Unabwendbare geschieht. Und was ist unabwendbarer und realer als der Tod, frage ich Sie? Was sonst ist unumkehrbarer, existenziell dermaßen bedrohlich und bleibt so gerne unausgesprochen und doch zu gleichen Teilen unumstößlich?"

Der Herr im dunklen Dreiteiler plusterte sich förmlich auf. Er genoss den Ausdruck ungläubigen Entsetzens in den Gesichtern der Studierenden. Er hatte sie. Sie alle. Schon mit der Einleitung hatte er sie rekrutiert und sie waren gefangen, ohne es zu wollen.

Die Härte seiner Worte hatte er mit Bedacht gewählt. Und ebenso bedacht verfolgte er die Stimmungskurve, die sein rhetorisches Fahrzeug zu meistern hatte, wobei ihm jedes Schlingern und jedes verspätete Bremsen als Schwäche und Kontrollverlust ausgelegt werden würde, wessen er sich ebenfalls voll und ganz bewusst war.

„Wir alle …“, sagte er nonchalant und machte ein paar furchtlose Schritte auf der Empore in Richtung Publikum, „… sind Wurmfutter!“

Er hatte die letzten Worte wie einen Tumor in den Raum gespuckt, jedoch nicht ohne ein gewisses Entzücken in den Augen.

Ein Blick durch die Reihen der jugendlichen Studierenden überzeugte ihn vom gewünschten Effekt seiner Aussage, gab ihm grünes Licht für ein wenig mehr Gas.

Zurückschalten konnte er später.

„Niemand möchte daran erinnert werden, dass er, sie oder es irgendwann einmal aufhören wird zu existieren. Doch genau das wird geschehen. Wir alle werden auf die ein oder andere ertragbare oder unfassbar grausame Art und Weise aus dem Leben gerissen werden. Das ist Fakt!“

Auf den Gesichtern seiner Zuhörer war deutlich zu lesen, dass diese Erkenntnis für sie neu zu sein schien.

„Wir sterben, seit wir geboren wurden.“

Auch das schien eine ganz neue Tatsache zu sein, die erst einmal verdaut werden musste.

„Das ist kein Geheimnis, sondern ein unumstößliches Naturgesetz. Auf das Leben folgt der Tod. PENG! Das war‘s! Macht‘s besser … und dann?“

Er schmetterte die Frage wie einen Speer durch die Reihen, in der vagen Hoffnung, jemanden zu treffen.

Einen Gang höher, ein Aufheulen des Motors, als der Herr im dunklen Dreiteiler erneut auf das Gaspedal trat und mit verbalem Profil über die Gesichter seiner Zuhörer fuhr.

„Ja … und dann?“, fragte er noch einmal ganz leise, fast andächtig, so als hätte er die Frage an sich selbst gerichtet.

Er legte den Kopf schief, hörte einige Sekunden, die er in seiner Stimmungskurve unter *„verinnerlichen“* markiert hatte, einem nichtexistenten Geräusch zu und wandte sich dann wieder lächelnd an seine Zuhörer.

„Als ich noch jung war, war die Erde bereits uralt und der Tod ein gerne geleugneter Freund, den man trotz aller Abneigung und Angst in so genannten *Zeiten der Not* immer wieder anflehte, er möge doch endlich, endlich in dieses Haus einkehren und Frieden bringen. So wie ihn Generationen zuvor angefleht hatten und wie es Generationen nach uns tun werden. *Bitte komm, großer schwarzer Vogel! Die Schwester schaut grad nich!* Männer, Frauen, Kinder, Leiber, die am Leben hängen, doch im Schatten ihres Seins dieses Geschenk nicht als solches zu würdigen wissen, oder das unmittelbare, subjektive Empfinden in dieser Form der Existenz nicht ertragen und sich im Angesicht ihrer Leiden freiwillig eintauschen, gegen …“

… Kerosin.

Unverwechselbar ätherisch, benebelnd, satt. Millionen brennbare Tropfen, die ihren Weg alleine finden und dem Feuer seinen Weg durch den Körper bahnen, unbeirrbar und ohne Maß. Ich habe Dir schon hundertmal erklärt, was als Nächstes kommen muss, was die einzig logische Konsequenz unserer Verbindung sein kann, doch Du hattest schon nach den Streichhölzern genug.

Genug von mir und meiner Liebe für Dich und uns und alles Lebende auf Gottes weiter Flur.

Du hättest Nero nicht geliebt!

Du kannst Gott nicht lieben!

Doch schon bald wirst Du die Dinge genau so sehen, wie ich es Dank Dir tue. Schon bald werden wir wieder Asche sein und alte Kapitel in fremden Sprachen neu schreiben können, und lieben, wieder und wieder und …

„… wenn man es sich genau überlegt, dann gab es seit der Industrialisierung keinen evolutionsgeschichtlichen Fortschritt mehr. Keine Anpassung des Genmaterials zur Schaffung einer neuen, überlebensfähigen Spezies *Mensch,* sondern lediglich ein globales Umwälzen zivilisationsbedingt erschaffener Ängste und prähistorischer, pervertierter Warnmechanismen auf das neue Gesicht der Welt, das an diesem Planeten klebt wie ein Kaugummi unter einem Stuhl.“

Verlegene Blicke aus dem Publikum bewiesen dem Herrn im dunklen Dreiteiler seine Macht über die Studierenden.

„Das heutige Gesicht der Welt ist nicht das eines vom Alter gezeichneten Charakters. Im Gegenteil. Es sieht mit jeder Generation jünger aus. Das Mittelalter war borstig, die Renaissance romantisch, die dunklen Zeitalter sind vergessen wie ein unvermeidbarer Neujahrskater, und die Neuzeit ... ja, die Neuzeit ist hübsch, gepflegt, gesund, aufgeklärt und unsterblich, bis ... der Tod eintritt."

Das aufkommende Gelächter, das ihm wie auf Knopfdruck entgegenschallte und ihm seinen wohlportionierten Sarkasmus als trockenen Humor durchgehen ließ, wiegelte er mit schlecht gespielter Ungeduld ab, als brauche er Luft zum Sprechen, als müsse er jetzt unbedingt weiterreden, um im Text zu bleiben.

„Nichts hat die Jahrtausende überdauert. Nichts außer Scherben, Todesanzeigen, Grabmale, Asche, Staub und Knochen. Unter unseren Füßen liegen die Zeitalter von gestern und warten auf die Leichensäcke von morgen. Der Tod als Fundament eines Planeten. Doch zu was lässt das den Menschen werden?"

„...ung", wisperte es im Publikum, doch der Herr im dunklen Dreiteiler hatte gute Ohren. „Ja, sagen Sie es noch einmal, bitte", forderte er einen jungen Mann Mitte zwanzig auf, wobei sein Gesicht vor Freude über die Interaktion strahlte.

„Dung", wiederholte der junge Mann seine Aussage und war sichtlich erleichtert, als er dem allgemeinen Interesse kein Futter mehr liefern musste.

„Dung!“, echote der Herr im dunklen Dreiteiler lauthals und euphorisch, als gäbe es kein köstlicheres Wort. „Doch für wen? Wem schmeckt diese Ursuppe der Überreste der menschlichen Spezies, wenn nicht den nachfolgenden Generationen, die sich aus ihr erheben und Fleisch werden durch sie?“

Ein nervöses Raunen ging durch die Reihen, und als es endlich ausgesprochen wurde, hing das Wort wie ein tonnenschwerer Mühlstein in der Luft.

„Gott“, antwortete eine mutige junge Frau mit roten Haaren und ernster Miene.

Der Blick des Herrn im dunklen Dreiteiler wurde entschuldigend väterlich und das bemitleidende Lächeln, das sich in seine Wangen eingrub, ließ keinen Zweifel an seiner Haltung gegenüber der Antwort der jungen Frau zu, noch bevor das erste Wort seinen Mund verlassen hatte.

„Es ist vollkommen natürlich, einen Sinn in einem Regenerations- und Verwertungssystem zu suchen, dessen Kontrolle man noch nicht erringen, ja, dessen Wesen man nicht einmal im Ansatz erahnen kann, weil man jedes Fühlen, Denken und Handeln vom Kern der Sache wegbewegt und die totale Distanz sucht.“

„Das ist richtig, aber ...“

„Um der bewussten Auseinandersetzung mit der eigenen Sterblichkeit zu entfliehen, was mir auch eine im Erbgut des Menschen hinterlassene Spur des Schnitters zu sein scheint, werden täglich neue Konzepte entworfen, das Unfassbare zu erfassen, werden organisiert, ausprobiert, reflektiert, renoviert und letztendlich wieder verworfen."

„Ja, aber ..."

„Das Wissen, das uns Menschen zu erlangen unmöglich gemacht ist, wird durch das Verdrängen der absoluten Wahrheiten unserer Existenz ersetzt, was in etwa den selben Effekt hat, wie sich unter die Bettdecke zu verkriechen und davon auszugehen, dass das Monster, das durch das Zimmer schleicht, einen nicht sehen kann, weil man die Augen verschließt."

„Aber ..."

„Das Wissen um die Sinnhaftigkeit der Zusammenhänge überlässt man dann einfach Instanzen mit mehr Verantwortlichkeitsbereichen und größeren Schultern. Gott wird schon wissen, was er da macht."

„Natürlich", beharrte die junge Rothaarige, nun ein wenig ruppiger. „Wer sonst? Ich meine, Sie sprechen von Würmern und Knochen. Von Generationen und Massensuiziden. Von Existenzängsten und Planetengesichtern. Von Tod und Verfall. Aber ... was ist mit dem Leben?"

Erst zögernd, dann sicherer, stand sie auf und begegnete dem Blick ihres Gegenübers. Und als sie wieder sprach, hatte ihre Stimme einen fast flehenden Klang.

„Was ist mit der Liebe?"

Kein Bremsen konnte den Herrn im dunklen Dreiteiler vor der Leitplanke retten. Und als die Stimmung aus ihrer von ihm erdachten Kurve flog, konnte er die radierenden Reifen beinahe hören, die ein letztes Mal über den Asphalt malten, schwarz auf anthrazit.

„Was ... was soll damit sein?"

„Die Liebe treibt uns voran, bestärkt uns in dem Wunsch, sein zu wollen, lässt uns den Tod fürchten und am Leben hängen. Sie ..."

„... ist nichts und ...

„... doch alles. Liebe ist ..."

... Napalm.

Komprimiert, alles verzehrend und hungrig.

Vorsichtig öffne ich den Metallzylinder und entleere ihn über Dir und, benebelt von den ätherischen Gasen des Brandbeschleunigers, lässt Du es zu.

Hier, in dieser billigen Motelwohnung, in die Du mich gelockt hast, von meinem selbstsicheren Auftritt beeindruckt und trotz der Last der Jahrzehnte, die mich gezeichnet haben, eher ehrfürchtig berührt als selektiv abgeschreckt, wird unsere wunderbare Freundschaft enden, noch bevor sie beginnen konnte.

Doch bevor wir sterben, sollten wir lieben.

Bevor wir heimkehren können in die Erde unserer Ahnen, müssen wir vergehen.

Bevor wir Gott schauen können, muss er Notiz von uns nehmen.

Und ich sehne mich danach, hinter die Dinge zu blicken und meine eigene marktschreierische Blindheit abzulegen wie ein weit verbreitetes Gebrechen.

Ich sehne mich danach, mehr zu tun, als auf das Ende zuzusteuern und lediglich dem Klang meiner eigenen Stimme zu lauschen, als sei sie nur ein Musikinstrument, auf dem ich irgendwann einmal die nötigsten Grundkenntnisse erworben habe und von dessen Spiel ich mich nun berieseln lasse wie von der Musik aus einem Fahrstuhllautsprecher, ohne wirklich darauf zu achten, was ich da eigentlich höre.

Ich sehne mich danach, zu erkennen, was ich fühle und zu verstehen, was ich doch eigentlich längst weiß.

WIR SIND WURMFUTTER!

Ich war blind, doch nun kann ich sehen, denn Du hast mir die Augen geöffnet, mit einem einzigen, wahren Wort.

„Ein Brandopfer, ein Feueropfer als wohlgefälliger Geruch für den HERRN“, *heißt es im LEVITIKUS, dem 3. Buch Moses.*

Und Dein Beharren, Dein unbeirrbares Vertrauen auf die Liebe, macht Dich zum perfekten Opfer für unsere Sache.

Das lodernde Kerosin, das sich wie ein Tier durch den Raum und sämtliche es hindernde Barrieren hindurchfrisst, ist die alles erleuchtende Flammensäule aus biblischen Legenden, und alles, woran ich denken kann, sind sich schließende Kreise.

Deine roten Haare brennen nun in einer anderen, reineren Farbe.

Und gemeinsam erschaffen wir ein neues Fundament für die nächste Welt, in der man dem Tod trotzig ins Gesicht sehen kann, in der man wahrhaft dem Sinn der eigenen Worte lauscht und in der ich meinen Dreiteiler nicht mehr brauchen werde.

Alexander Klymchuk, Jahrgang 1979, lebt mit seiner Familie in Bad Nauheim.

Erzieher, Tischler, Erlebnispädagoge, Gitarrist, Sänger, Bassist, Schlagzeuger, Autor.

Dank an Viktoria für ihre ehrliche Meinung;

an Dan Simmons, Howard Phillips Lovecraft, Stephen King, Clive Barker, Marcus Richter und Frank Schätzing für Inspiration und das Neudefinieren von altbekannten Grenzen;

an Barbara Rosenkötter, ohne die alles anders geworden wäre;

an Daniel Bieter, für konstruktive Impulse und Realisierung dieser Anthologie;

an Marianne Böhm, die mich aufzog und mir am Frühstückstisch von ihren Träumen erzählte und Grundsteine legte für zukünftige Welten.

Kontakt: alexander.klymchuk@gmx.de